I0220581

Thüringischer Zoll- und Steuerverein

Amtsblatt des General-Inspektors für den Thüringischen Zoll- und Steuerverein

Thüringischer Zoll- und Steuerverein

Amtsblatt des General-Inspektors für den Thüringischen Zoll- und Steuerverein

ISBN/EAN: 9783741194023

Hergestellt in Europa, USA, Kanada, Australien, Japan

Cover: Foto ©ninafisch / pixelio.de

Manufactured and distributed by brebook publishing software
(www.brebook.com)

Thüringischer Zoll- und Steuerverein

Amtsblatt des General-Inspektors für den Thüringischen Zoll- und Steuerverein

Amtsblatt

des

General-Inspectors

des

Thüringischen Zoll- & Handels-Vereins.

Jahrgang

1864.

Erfurt.

Register

zum Jahrgang 1864 des Amtsblatts des General-Inspectors des Thüringischen Zoll- und Handels-Vereins.

I. Chronologisches Register.

1. Chronologisches Register.

I. Chronologisches Register.

II. Sachregister.

Bemerkung. Die beigesetzten Ziffern bedeuten die Seitenzahlen.

A.

II. Sachregister.

3.

1

Amtsblatt

des

General-Inspectors

des Thüringischen Zoll- und Handels-Vereins.

1tes Stück vom Jahre 1864.

№ 1. Circularverfügung,
die Herausgabe eines Amtsblatts betreffend,
vom 26. März 1864. Nr. 1937.

Nachdem die hohen thüringischen Vereinsregierungen mich zur Herausgabe eines Amtsblattes ermächtigt haben, bringe ich dies hierdurch den betheiligten Beamten meines Ressorts mit dem Bemerken zur Kenntniß, daß den Steuerstellen, Bezirksobercontrolleuren und Salineucontrolen künftig von mir die benöthigten Exemplare werden zugefertigt werden.

Außerdem können noch andere Exemplare bei jeder Steuerstelle im thüringischen Zoll- und Handelsvereine bestellt und durch letztere bezogen werden, wobei ein Abonnementspreis von 1 ℳ per Jahrgang für das Exemplar pränumerando entrichtet werden muß; es bleibt indessen die Feststellung eines ermäßigten Preises und nach Befinden die Rückzahlung des im ersten Jahre erhobenen Mehrbetrages ergeblich vorbehalten.

Erfurt, am 26. März 1864.

Der General-Inspector
des Thüringischen Zoll- und Handels-Vereins.
Wendt.

Nr 1937.

№ 2. Circularverfügung,
die Erweiterung des Spielraums für die Zolltheilung in den zollamtlichen Niederlagen betreffend.
vom 8. Februar 1864. Nr. 1002.

Die Verfügung vom 16. September 1854. Nr. 3900. enthält unter Nr. 6. die Bestimmung, daß die Theilung von Waarencolli in der Niederlage, sowohl zum Zweck der Versendung nach anderen Orten mit Niederlagerecht oder ins Ausland, als zum Zweck der Eingangsverzollung innerhalb der daselbst näher bezeichneten Grenzen gestattet werden kann. Der Spielraum, welcher dabei für die Theilung der Colli eröffnet ist, entspricht zwar im Allgemeinen dem Bedürfnisse; jedoch haben die örtlichen Verhältnisse es hin und wieder wünschenswerth erscheinen lassen, die Ausscheidung noch geringerer Mengen, als sich a. a. O. bezeichnet finden, zu gestatten. Mit Rücksicht hierauf haben sich die Regierungen der Zollvereinsstaaten darüber verständigt, daß auf den zollamtlichen Niederlagen Collitheilungen auch in geringeren Mengen als denjenigen, welche in der Verfügung vom 16. Septbr. 1854 unter Nr. 6. von 1 bis 6 bezeichnet sind, ohne Beschränkung auf bestimmte Gegenstände und Minimalquantitäten ausnahmsweise da zulässig sein sollen, wo sich ein besonderes Bedürfniß hierzu begründet zeigt. Die Entscheidung darüber, ob ein solches Bedürfniß anzuerkennen sei, ist vorbehalten worden und es sind daher vorkommenden Falles entsprechende Anträge hierher zu richten und zu begründen.

Erfurt, den 8. Februar 1864.

Der General-Inspector
des Thüringischen Zoll- und Handels-Vereins.
Wendt.

An die 4 Hauptsteuerämter
zu Gotha, Coburg, Erfurt und Altenburg
№ 1002.

№ 3. Circularverfügung,
die Behandlung von Nettogewichtsdifferenzen bei Begleitscheingut betreffend,
vom 8. Febr. 1864. Nr. 1003.

Unter Verweisung auf die Circularverfügung vom 7. Januar 1852 Nr. 161 mache ich nachstehenden Beschluß der XV^ten Generalconferenz über das Verfahren, wenn bei der Begleitscheinerledigung oder später hinsichtlich des an der Grenze declarirten, aber dort nicht amtlich ermittelten Nettogewichts sich Abweichungen ergeben, zur Nachachtung bekannt.

a) Wenn die an der Grenze erfolgte Declaration des Nettogewichts Folge einer bestimmten Vorschrift ist, wie namentlich in dem Falle des Zusammenpackens verschieden besteuerter Gegenstände in einem Colle, so soll das declarirte Nettogewicht, dessen amtliche Ermittelung an der Grenze unterblieben ist, dem amtlich ermittelten gleichgestellt werden, also, nach den näheren Vorschriften im §. 45 der Zollordnung, als Grundlage, nach welcher die Verzollung zu leisten ist, dienen.

b) Beruht dagegen die Declaration des Nettogewichts nicht auf einer bestimmten Vorschrift, so wird nicht das declarirte, sondern das bei der späteren Abfertigung amtlich ermittelte Nettogewicht als das zollpflichtige zu Grunde gelegt.

Erfurt, den 8. Februar 1864.

Der General-Inspector
des Thüringischen Zoll- und Handels-Vereins.
Wendt.

An die 4 Hauptsteuerämter zu Gotha, Coburg, Erfurt und Altenburg und die Steuerstellen zu Arolsen, Arnstadt, Gera, Greiz, Eisenach, Meiningen, Weimar und an die Obercontroleure excl. Erfurt.
Nr. 1003.

№ 4. Circularverfügung,

die Uebergangssteuerfreiheit von Weinprobensendungen bis zu zehn Pfund betreffend,
vom 8. Februar 1864. Nr. 1011.

Die in der Circularverfügung vom 20. Januar 1852 Nr. 526 gedachte Befreiung der Weinproben von Uebergangsabgabe und Bezettelung ist nach einem Beschlusse der XV ten Generalconferenz in Zollvereinsangelegenheiten bis auf ein Bruttogewicht von zehn Pfund Zollgewicht ausgedehnt worden. Hiernach ist sich vorkommenden Falles zu achten.

Erfurt, am 8. Februar 1864.

Der General-Inspector
des Thüringischen Zoll- und Handels-Vereins.
Wendt.

An alle zur Erhebung von Uebergangsabgaben und zur Erledigung von Uebergangsscheinen über steuerpflichtige Gegenstände befugte Steuerstellen und an sämmtliche Obercontroleure excl. derjenigen zu Erfurt. № 1011.

№ 5. Verfügung,

die Theilung von Weingebinden ꝛc. auf Niederlagen betreffend,
vom 8. Februar 1864. Nr. 1016.

Ueber das Verfahren bei der Theilung von Gebinden, in welchen Wein und andere geistige Flüssigkeiten auf einer öffentlichen Niederlage lagern, hat man auf der XV ten Generalconferenz in Zollvereinsangelegenheiten folgende Bestimmungen festgesetzt.

4

a) Sollen geistige Flüssigkeiten in einfachen Gebinden, für welche keine Taravergütung bewilligt ist, in der allgemeinen Niederlage getheilt werden, so ist neben dem ursprünglichen Bruttogewichte auch der Maaßinhalt der Gebinde anzuschreiben Letzterer muß daher, wenn dieses nicht schon bei der Einlagerung geschehen ist, jedenfalls vor der Theilung mittelst der Visirinstrumente ermittelt werden.

b) Werden aus den vermessenen Gebinden Weiterversendungen mit Begleitschein I. gemacht, so wird jedesmal das Bruttogewicht der Fässer, in welchen die Sendung geschieht, zugleich aber auch der zu ermittelnde Inhalt derselben dem Maaße nach, im Niederlageregister abgeschrieben und das Bruttogewicht des neu gebildeten Gebindes der Abfertigung auf Begleitschein zu Grunde gelegt.

c) Soll ein Theil oder der Rest des Gebindes zum Eingange verzollt werden, so darf derselbe in ein seinem Maaßinhalt entsprechendes Gebinde gefüllt werden. Das Bruttogewicht des letzteren ist sodann der zollpflichtige Gegenstand und im Niederlage-Register ist sowohl die Maaßzahl als das Gewicht des neuen Collo abzuschreiben.

d) Ist ein Gebinde, sei es durch Weiterversendung mit Begleitschein I. oder theilweise Eingangsverzollung geleert, so fragt es sich, ob der angeschriebene Maaßinhalt vollständig zur Abschreibung gekommen ist. Ist letzteres der Fall, so bleiben etwaige Differenzen gegen das angeschriebene Gewicht ohne Berücksichtigung und es kann das geleerte Faß ohne Zollentrichtung abgelassen werden.

Ergiebt sich dagegen bei dem Abschlusse des Conto für das getheilte Gebinde ein Manko an dem angeschriebenen Maaßinhalte, so ist die fehlende Maaßzahl — insoweit nicht nach den Bestimmungen der Verfügung vom 16. September 1854 Nr. 3900 unter Nr. 10. lit. a —d ein Zollerlaß wegen Eintrocknen u. s. w. bewilligt werden kann — nach dem unter lit. d. daselbst angegebenen Verhältnisse von 3 Zollpfund für das Preußische Quart auf das Zollgewicht zu reduciren und davon der Eingangszoll zu berechnen und zu erheben.

e) Soll über den Rest eines angebrochenen Gebindes in dem Original-Gebinde verfügt werden, so ist die Summe der abgemeldeten Maaßquantitäten von der ursprünglich festgestellten Maaßzahl abzuziehen und von dem Reste, d. i. nicht von dem wirklichen, sondern von dem berechneten Reste, in dem Verhältnisse von 3 Zollpfund für das preußische Quart der tarifmäßige Eingangszoll zu erheben, insoweit sich nicht aus einer Vergleichung mit dem wirklichen Maaßgehalte des Restes ergiebt, daß nach den Bestimmungen der Verfügung vom 16. September 1854 Nr. 3900 ein Zollerlaß wegen Eintrocknen u. s. w. bewilligt werden kann.

5

Hiernach ist vorkommenden Falles zu verfahren und jeder Niederleger, welcher auf Theilung von Gebinden mit geistigen Flüssigkeiten anträgt, von den Bedingungen in Kenntniß zu setzen, unter denen dies nach Vorstehendem geschehen kann.

Erfurt, am 8. Februar 1864.

Der General-Inspector
des Thüringischen Zoll- und Handels-Vereins.
Wendt.

An die 4 Haupsteuerämter
zu Erfurt, Altenburg, Coburg und Gotha.
№ 1016.

№ 6. **Bekanntmachung,**
die in Folge der Aufhebung der Durchgangsabgaben eingetretene Aenderung gesetzlicher und regulativmäßiger Bestimmungen betreffend,
vom 10. Februar 1864. Nr. 1039.

Nachdem durch die Landesgesetze bei Aufhebung der Durchgangsabgaben und der deren Stelle vertretenden Ausgangsabgaben alle diejenigen Bestimmungen früherer Gesetze und Verordnungen, welche mit der gedachten Aufhebung nicht mehr vereinbar waren, vom 1 März 1861 ab außer Kraft gesetzt worden sind, hat man auf der XV. Generalconferenz in Zollvereinsangelegenheiten die hiernach eingetretenen (und ergeblich bei einer anderweiten Redaktion oder sonst zu berücksichtigenden) Aenderungen unter den Zollvereinsregierungen vereinbarten Gesetze und Regulative in einer Uebersicht zusammengestellt, welche nach erfolgter Ratihabition der fraglichen Conferenzbeschlüsse hiermit im Nachstehenden bekannt gemacht wird.

Erfurt, den 10. Februar 1864.

Der General-Inspector
des Thüringischen Zoll- und Handels-Vereins.
Wendt.

Nr. 1039.

Uebersicht

der Aenderungen, welche in Folge der Aufhebung der Durchgangsabgaben und der an deren Stelle erhobenen Ausgangsabgaben in den unter den Zollvereinsstaaten vereinbarten Gesetzen und Regulativen eintreten.

I. Im Vereinszolltarife.

1) Aus der II ten Tarifabtheilung sind die Positionen 2. a. Position 5. e. 2 und 3. Position 5. f. 1. in die I te Tarifsabtheilung unter eigener Nummer zu übertragen.

2) **Position 15. h.** wäre dahin zu fassen:

„Bei denjenigen (Kalendern), welche durchgeführt werden sollen, muß der Wiederausgang nachgewiesen werden,"

3) Bei **Position 25. e.** (Salz) wäre der Schlußsatz zu streichen und dafür zu setzen: „Die Durchfuhr findet nur auf besondere Erlaubniß Statt."

4) Die **Anmerkung 1.** zu **Position 26. a.** hätte nachstehende Fassung zu erhalten:

„Baumöl in Fässern eingehend, wenn bei der Abfertigung auf den Centner ein Pfund Terpentinöl oder ein Achtelpfund Rosmarinöl zugesetzt worden, wird zollfrei eingelassen."

Zugleich fallen bezüglich der fraglichen Anmerkung die Bestimmungen in den beiden Spalten: „Maßstab der Verzollung" und „Abgabensätze" weg.

5) Die **Anmerkung** zu **Position 32.** (Spielkarten) und

6) die **III. Abtheilung** des Vereinszolltarifs fielen weg.

7) In der **V. Tarifsabtheilung** würde bei **Ziffer I.** in der ersten Zeile statt: „Ein-, Aus- und Durchgangszoll", zu setzen: „Ein- und Ausgangszoll", und die ganze Nr. 3. zu streichen sein.

8) Bei **Ziffer IVb** wäre die Nummer 1. zu streichen, und in Nr. 2. statt der Worte: „von den im Lande verbleibenden, wenn" zu setzen: „von denjenigen Waaren, für welche", während die **Ziffer IVe** und **Ziffer VIII.** wegfallen.

9) Unter **Ziffer IXI** wäre statt: „Ein-, Ausgangs- und Durchgangsabgaben" zu setzen: „Eingangs- und Ausgangs-Abgaben".

II. Im Zollgesetze.

1) Dem **§. 7.** wäre nachstehende Fassung zu geben:

„Fremde Waaren, die nicht im Lande verbleiben, sondern durchgeführt werden, sind zollfrei."

Die Ueberschrift „Durchgangszoll" würde in „Zollfreiheit des Durchganges" abzuändern sein.

2) Im **§. 8.** würden die Worte: „gegen Entrichtung der Durchgangsabgaben" wegfallen; im **§. 26.** wäre statt „Ein-, Aus- und Durchgangszölle" zu setzen: „Ein- und Ausgangszölle."

III. In der Zollordnung.

1) Der **§. 29.** würde dahin zu fassen sein:

„Bei den Abfertigungen zur unmittelbaren Durchfuhr kann die specielle Revision der Waaren unterbleiben, sofern dieselben, worüber das Zollamt allein zu entscheiden hat, unter völlig sicheren Verschluß genommen werden können. Für den auf den angemeldeten Waaren ruhenden Eingangszoll ist die Sicherheit nach den Bestimmungen des §. 26. zu leisten. Alsnächst wird ein Begleitschein I.

ausgefertigt und der Waarenverschluß angelegt. Wegen des weiteren Verfahrens mit den Begleitscheinen kommen die Vorschriften der §§. 36. 43. und folgende in Anwendung."

2) Dem §. 30. wäre folgende Fassung zu geben:

„Werden Waaren zur unmittelbaren Durchfuhr reclarirt, welche mit einem Ausgangszolle belegt sind, so unterbleibt die Begleitscheinausfertigung. Statt derselben wird in dem Duplikate der Deklaration angegeben, daß und wie die Waaren unter Verschluß gesetzt worden sind und innerhalb welcher Frist und über welches Zollamt der Wiederausgang ohne Ausgangszoll-Entrichtung erfolgen dürfe."

Die Ueberschrift dieses Paragraphen: „2. besondere Vorschriften" unter lit. a. würde sowohl in der Zollordnung selbst, als auch im Inhaltsverzeichnisse zu derselben dahin zu ändern sein:

„a) für Waaren, welche mit einem Ausgangszolle belegt sind".

3) Im Absatz des §. 38. würden die Worte: „und der Durchgangszoll wird von dem Postamte vorschußweise berichtigt" fortfallen.

4) Im ersten Absatz des §. 45. würde der Satz: „es sei zum Verbrauche im Lande oder für den Durchgang" gestrichen; ferner würde statt: „im Bestimmungs- oder Ausgangsorte" zu setzen sein: „im Bestimmungsorte"; ebenso im zweiten Absatze dieses Paragraphen statt: „am Bestimmungs- oder Ausgangsorte": „am Bestimmungsorte".

5) Im §. 60. wäre der zweite Absatz dahin zu fassen:

„das Niederlagerecht wird nur Kaufleuten, Spediteuren und Fabrikanten und nur für solche fremde Waaren bewilligt, welche mit einem Eingangszolle oder bei der Ausfuhr aus dem freien Verkehr mit einem Ausgangszolle belegt und nicht durch die besonderen Packhofs-Regulative von der Lagerung ausgeschlossen sind."

6) Im §. 80. Absatz 1. würde der Schlußsatz: „Es wird sodann von den unverkauft zurückgehenden Waaren nur der Durchgangszoll erhoben" wegfallen müssen.

7) In §. 82b. der Zollordnungen für Preußen, Hannover und Oldenburg würden die Absätze 2 bis 4. wegfallen.

8) Im §. 108. Absatz 1. wäre statt: „zur Erhebung des Ein-, Aus- u. Durchgangszolles" zu setzen „zur Erhebung des Ein- und Ausgangszolles."

IV. In Bezug auf das Zollstrafgesetz,

würden die Vorschriften in den Zollstrafgesetzen der einzelnen Vereinsstaaten wegen Bestrafung der Hinterziehung der Durchgangsabgaben wegzufallen haben.

Der §. 7. resp. §. 8. des Zollstrafgesetzes würde nachstehende Fassung erhalten können:

„Auf die Behauptung, daß die Gegenstände, woran die Defraudation verübt worden ist, zum Durchgange bestimmt gewesen, soll nur in dem Falle Rücksicht

genommen werden, wenn die Defraudation erst beim Ausgangsamte und unter
solchen Umständen entdeckt wird, daß dabei eine Verkürzung des Eingangs- oder
Ausgangszölles nicht beabsichtigt sein kann.

In diesen Fällen sind entsprechende Ordnungsstrafen zu verhängen. In
allen anderen Fällen sind, ohne Rücksicht auf die gedachte Behauptung, die
Eingangs-, beziehungsweise Ausgangszölle zu entrichten, und es ist nach diesen
die verwirkte Strafe abzumessen."

V. Im Begleitscheinregulative.

1) In §. 3. Abs. lit. b. fallen die Werte: „gegen Erlegung des Durchgangszolles" weg.
2) Der Absatz lit. g. des §. 14. fällt gleichfalls weg, und es wird zugleich hinter
dem Absatz lit. f. das Wort: „und" hinzugefügt.
3) Der Absatz 2. des §. 24. erhält nachstehende Fassung:
„Bei Durchgangsgütern ist, wenn die Art der Waaren durch specielle Revision
nicht festgestellt worden, die Sicherheitsbestellung auf den Betrag des höchsten
Eingangszollsatzes zu richten."
4) Der §. 27. fällt sowohl in dem Begleitscheinregulative selbst, als auch in dem
Inhaltsverzeichnisse weg.
5) In den dem Regulative beigefügten Mustern I. a. und b. ist in Spalte 12. des
gegenwärtig geltenden Formulars die Ueberschrift zu streichen und statt derselben
der in der Spalte 13. unter lit. a. enthaltene Satz einzurücken, sodaß die Spalte 13
nur den unter lit. b. enthaltenen Satz als Ueberschrift behält.

VI. Im Niederlageregulative.

1) Der §. 43. *) erhält nachstehende Fassung:
„Bei der Abmeldung zur Versendung nach dem Auslande gelten im Allgemeinen
die im §. 42. ertheilten Vorschriften, und es wird nach bewirkter Revision der
Waarenverschluß auf der Abmeldung bescheinigt."
2) Im §. 45. **) wird Abs. 1. der Ziffer 3. und im zweiten Absatze dieser Ziffer
der Satz: „und von dem wirklich gefundenen Gewichte die Durchgangsabgabe"
gestrichen.
3) In den Mustern A. u. C. zum Regulative fallen in den Spalten 11. beziehungsweise 10. die gegenwärtigen Ueberschriften weg und sind durch Hinübernahme des
in den Spalten 12, beziehungsweise 11. unter lit. a. enthaltenen Satzes zu er-
setzen.

*) Vergl. §. 40. des Regulativs für den Packhof zu Erfurt.
**) Vergl. §. 42. ibid.

Gedruckt bei Ludwig Schellenberg in Erfurt.

Amtsblatt

des

General-Inspectors

des Thüringischen Zoll- und Handels-Vereins.

2tes Stück vom Jahre 1864.

№ 7. Circularverfügung,

die Ausfertigung und Erledigung von Begleitscheinen I. über unvollständig als
Meubles und Putzsachen declarirte Gegenstände betreffend,

vom 8. Februar 1864. Nr. 1019.

Nach der Circularverfügung vom 26. Juli 1860 Nr. 3606. ist bei der XIVten Generalconferenz in Zollvereinsangelegenheiten die Verabredung getroffen, daß Glas, Glaswaaren, Porzellan, Steingut, Töpferwaaren, so wie Maschinentheile auf unvollständige Declaration, ohne vorgängige specielle Revision und ohne daß die Verpflichtung zur Entrichtung des höchsten Zollsatzes der betreffenden Tarifposition übernommen wird, mit Begleitschein abgefertigt werden dürfen, wenn die Beschaffenheit der Emballage einen sicheren Verschluß gestattet und nicht etwa der Verdacht eines beabsichtigten Unterschleifs vorliegt, auch soweit es sich um Maschinentheile handelt, nach der Menge, Größe und sonstigen Beschaffenheit der Colli anzunehmen ist, daß die specielle Revision mit besonderen Schwierigkeiten verbunden ist. Diese Verabredung ist einem Beschlusse der XVten Generalconferenz zu Folge dahin erweitert worden, daß die Abfertigung mit Begleitschein I. auf Grund unvollständiger Declaration unter den bezeichneten Bedingungen auch bei Meubles und Putzsachen stattfinden darf.

Es wird dies den betheiligten Aemtern meines Ressorts hiermit zur Nachachtung nach Maßgabe des Schlußsatzes der eingangsgedachten Circularverfügung bekannt gemacht.

Erfurt, den 8. Februar 1864.

Der General-Inspector
des Thüringischen Zoll- und Handels-Vereins.
Wendt.

An die 4 Hauptsteuerämter zu Erfurt, Gotha, Coburg und Altenburg und an die Steuerämter zu Apolda, Eisenach, Gera, Meiningen und Weimar, sowie an sämmtliche Obercontroleure excl. desjenigen zu Erfurt. № 1019.

10

№ 8. Circularverfügung,

die Vereinfachung des Verfahrens bei der Abfertigung mit Begleitschriften betreffend.
vom 19. Februar 1864. Nr. 1189.

Im Nachstehenden bringe ich die auf der XV^{ten} Generalconferenz in Zoll-
vereinsangelegenheiten über die Vereinfachung des Verfahrens bei der Abfertigung mit
Begleitscheinen gefaßten Beschlüsse zur Kenntniß der betheiligten Steuerstellen meines
Geschäftsbereichs.

Dieselben haben hiervon Kenntniß zu nehmen und die einzelnen Bestimmungen, insoweit nicht von mir etwas Anderes bemerkt ist, in Zukunft zu beachten; jeden
Falles sind aber bei der Prüfung der von außerthüringischen Aemtern ausgefertigten
oder erledigten Begleitscheine die fraglichen Konferenzbeschlüsse zu berücksichtigen.

1) Nach § 11^b des Begleitschein-Regulativs brauchen diejenigen Spalten des
Musters zu den Begleitscheinen I., welche sich auf Gattung, Menge und
Verschluß der Waaren beziehen, nicht ausgefüllt zu werden, wenn eine Zoll-
Declaration, ein Begleitschein-Auszug oder eine Abmeldung aus der Nieder-
lage u. s. w. dem Begleitscheine angestempelt und darauf hingewiesen wird.

Für die Folge können nun in den bezeichneten Fällen alle Spalten
des Musters, d. h. auch die Spalten 1 bis 4 und 13 unausgefüllt belassen
werden, vorausgesetzt, daß die angestempelte Declaration ꝛc. die entsprechenden
Angaben enthält.

2) Die Anstempelung der Zoll-Declarationen hat künftig in allen Fällen ein-
zutreten, wo diese Abfertigungsweise eine weniger zeitraubende ist.

Ferner ist beschlossen worden, daß zur Abkürzung der Abfertigung bei
solchen Abfertigungsstellen, woselbst wegen des beträchtlichen Umfanges des
Verkehrs sich eine Erleichterung nothwendig macht, statt der Anwendung des
für Begleitscheine I vereinbarten Musters Zoll-Declarationen, Niederlage-
Abmeldungen, Begleitschein-Auszüge u. s. w., welche zu diesem Zwecke mit
dem erforderlichen Vordrucke versehen sind, als Begleitscheine benutzt werden
können. Dem Ermessen des abfertigenten Amtes soll es alsdann in jedem
Falle überlassen bleiben, ob durch die Benutzung der Zoll-Declarationen ꝛc.
als Begleitscheine eine Abkürzung der Abfertigung herbeigeführt werden
kann und somit diese Abfertigungsweise in Anwendung zu bringen sei. Die
Begleitscheinempfangsämter meines Ressorts haben, wenn ihnen künftig anstatt der bisherigen Begleitscheine I nach den vereinbarten Mustern eingerich-
tete und mit dem Vordruck zu den Erledigungsbescheinigungen versehene Zoll-
declarationen ꝛc. zugehen, dieselben wie sonst die Begleitscheine I zu erledigen.

Für die Hauptsteuerämter hier und zu Altenburg, die öfters in den Fall kommen, Begleitscheine I auszustellen, und bei denen daher diese abgekürzte Abfertigungsweise möglicherweise zur praktischen Anwendung gelangen kann, bemerke ich, daß bei derselben die beiliegenden Muster I, II und III benutzt werden sollen, die auch zu den in den „Nachträglichen Bestimmungen zum allgemeinen Regulativ über die Behandlung des Güter- und Effecten-Transportes auf den Eisenbahnen in Bezug auf das Zollwesen" sub II, 12 vorgesehenen Abfertigungen verwendet werden können.

3) Die in den §§. 30 und 66 des Begleitschein-Regulativs für Packhofs-Aemter nachgelassene Ausnahme, daß die Vollziehung der Ausfertigung und Erledigung der Begleitscheine statt eines oder des anderen Amts-Mitgliedes durch einen oder mehrere Packhofs-Beamte bewirkt werde, ist dahin erweitert worden, daß die den Hauptämtern vorgesetzten Dienstbehörden befugt sind, soweit ein Bedürfniß dazu anerkannt wird, für die bei dem Hauptamte selbst auszufertigenden und zu erledigenden Begleitscheine die Vollziehung durch die Unterschrift sämmtlicher Amts-Mitglieder zu erlassen und diejenigen Beamten zu bestimmen, denen diese Vollziehung obliegen soll. An der Vollziehung soll jedoch stets ein Oberbeamter, und zwar entweder ein Mitglied des Hauptamtes oder ein hiefür besonders zu bestimmender Beamte Theil nehmen.

Bei größeren Aemtern, woselbst verschiedene Revisions-Stationen bestehen, kann, nach dem Ermessen der vorgesetzten Dienstbehörden, eine Einrichtung dahin getroffen werden, daß die Ausfertigung der Begleitscheine bei den einzelnen Revisions-Stationen erfolgt und zu diesem Ende bei jeder Revisions-Station ein eigenes Ausfertigungsregister geführt und solches mit einem eigenen Buchstaben (A. B. u. s. w.) bezeichnet wird, welcher dann auch nebst der Nummer in die Begleitscheine einzutragen ist.

4) In Betreff der Erledigungsbescheinigungen treten nachstehende Aenderungen ein:

a) Die Bestimmung, daß dem Vordrucke zu 1 auf der letzten Seite des Musters zu Begleitscheinen I (Muster I a zu § 9 des Begleitschein-Regulativs) gemäß der Tag der Abgabe des Begleitscheins durch den Amtsvorsteher bescheinigt werden soll, ist bei den Hauptämtern dahin erweitert worden, daß die Abgabe der Begleitscheine künftig von demjenigen Oberbeamten (oder dessen Stellvertreter) bescheinigt werden kann, welcher die Vollziehung der Begleitscheine und der Erledigungsbescheinigungen an erster Stelle zu bewirken hat.

Von den vorstehend sub 3 und 4a angegebenen Beschlüssen haben die Steuerstellen im Thüringischen Zoll- und Handelsvereine zur Zeit lediglich Kenntniß zu nehmen. Sollte in Zukunft einmal die Annahme der fraglichen Geschäftserleichterungen bei einem der vier Hauptämter wünschenswerth erscheinen, so erwarte ich über den diesfallsigen Antrag zunächst eine motivirte Berichtserstattung.

b) Die Bescheinigung der Eintragung des Begleitscheines in das Begleitschein-Empfangs-Register (zu 2 a. a. O.) durch einen zweiten Beamten, außer dem Registerführer, hat künftig wegzufallen.

c) Die Angabe des Befundes der Revision (zu 3b a. a. O.) kann in dem Falle, wenn bei dem Empfangsamte besondere Abfertigungspapiere (Begleitschein-Auszüge) zurückbleiben, in welche der Revisions-Befund ausführlich eingetragen wird, sich auf die Bescheinigung beschränken, entweder daß der Befund „mit den Begleitschein-Angaben übereinstimmend" sei, oder in wie weit Abweichungen sich ermittelt haben. Bezüglich der letztern ist der Sachverhalt kurz anzugeben und je nach Umständen, entweder auf eine aufgenommene Anlage-Verhandlung und die Nummer des Prozeß-Registers oder auf die dem Begleitschein anzustempelnde höhere Entscheidung zu verweisen. In gleicher Weise kann zwar auch in dem Falle verfahren werden, wenn die Waaren, auf Grund des Begleitscheins, unmittelbar ausgeführt werden, mithin bei dem Empfangsamte keine besonderen Abfertigungs-Papiere (Begleitschein-Auszüge) zurückbleiben, es muß jedoch in diesem Falle aus der Befunds-Angabe auch zu ersehen sein, welche Revisions-Handlungen vorgenommen worden sind.

Zu dieser Bestimmung bemerke ich, daß ich in den Fällen, wo sich Anstände ergeben haben und deshalb meine Entschließung hat eingeholt werden müssen, über die endliche Erledigung des Begleitscheins in einem besondern Decrete, das dem Unicate anzustempeln ist, befinden werde. Eine Bezugnahme auf Anlage-Verhandlungen oder die Nummer des Prozeß-Registers hat daher in meinem Verwaltungsbezirke nicht zu erfolgen.

Uebrigens hat das betreffende thüringische Empfangsamt, wenn dem Begleitschein-Duplicate eine Abschrift meines Decrets von dem Ausfertigungsamte nicht beigefügt wird, dies nicht zu beanstanten, da es als Registerbeleg die Verfügung, womit ihm das Decret zugefertigt worden, zu benutzen hat.

d) Bei ausgehenden Gütern ist, wenn das Grenz-Zollamt den Ausgang selbst bescheinigt (zu 4 Nr. 1. a. a. O.), diese Bescheinigung von denjenigen Beamten zu ertheilen, welche die Ausgangs-Abfertigung bewirkt haben.

5) Zur Abkürzung des Schreibwerks, welches aus der in § 36 des Begleitschein-Regulativs vorgeschriebenen Uebertragung der Erledigungs-Bescheinigungen auf dem an das Ausfertigungs-Amt zurückkommenden Unicat in das Duplicat hervorgeht, wird bestimmt, daß

a) die Vermerke zu 4 der Erledigungs-Bescheinigungen über den Ausgang der Waaren nicht vollständig zu übertragen sind, sondern der nachrichtliche Vermerk: „ausgegangen über . . . . . .
. . . . am . . . . . .
. . . . " genügt.

Sollten jedoch nicht alle in dem Begleitscheine verzeichneten Colli zur Ausfuhr gelangen, so ist aus dem Unicate die Angabe über die Zahl und Bezeichnung der wirklich ausgegangenen oder aber der zurückgebliebenen Colli zu übernehmen.

Auch muß bei Begleitscheinen, mit denen Waaren nach Oesterreich ausgeführt worden sind, der Vermerk über den erfolgten Eintritt der Waaren nach Oesterreich mit übertragen werden.

b) Von Verhandlungen, welche das Empfangsamt in Fällen von Fristüberschreitung u. s. w. dem Begleitscheine beigefügt hat, brauchen für das Duplicat keine Abschriften gefertigt zu werden.

6) Um dem Zeitverluste, welcher durch die in § 41 der Zollordnung und § 59 des Begleitschein-Regulativs vorgeschriebene Einholung der Entscheidung der dem Ausfertigungsamte vorgesetzten Oberbehörde über die gesetzlichen Folgen bei Ueberschreitungen der Transportfrist oder bei unangemeldeten Aenderungen der Richtung des Transports herbeigeführt wird, so weit es thunlich erscheint, vorzubeugen, sind die Hauptämter ermächtigt worden, die von ihnen selbst oder von den ihnen untergeordneten Aemtern ausgefertigten Begleitscheine, wenn die Transportfrist überschritten worden ist, oder die Gestellung bei einem andern, als dem ursprünglichen oder dem nach Vorschrift des § 48 der Zoll-Ordnung angemeldeten Erledigungsamte stattgefunden hat, nach ihrem pflichtmäßigen Ermessen als erledigt anzuerkennen, sofern sie dafür halten, daß

14

nach § 43 der Zollordnung die Einziehung der Gefälle nach dem höchsten Erhebungssatze nicht gerechtfertigt sei, unbeschadet jedoch des etwa wegen Ordnungswidrigkeit begründeten Strafverfahrens. Die Erledigungsbescheinigung ist in diesem Falle stets von dem Amts-Dirigenten mit zu vollziehen. Sofern das Ausfertigungsamt den Begleitschein nach der vorstehenden Bestimmung nicht glaubt als erledigt anerkennen zu dürfen, ist auch ferner die Entscheidung der demselben vorgesetzten Directiv-Behörde einzuholen.

Die vorstehende Ermächtigung greift in meinem Verwaltungsbezirke bei den Hauptsteuerämtern hier und zu Altenburg, Coburg und Gotha hinsichtlich der von ihnen ausgefertigten Begleitscheine Platz.

Erfurt, den 19. Februar 1864.

Der General-Inspector
des Thüringischen Zoll- und Handels-Vereins.
Wendt.

An alle zur Ausfertigung oder Erledigung
von Begleitscheinen befugte Steuerstellen
und an alle Obercontroleure excl. desjenigen zu Erfurt.
№ 1183.

_____

№ 9. Circularverfügung,
die Thier-, Maschinen- und Gerätheausstellung in Parchim in Mecklenburg-Schwerin betreffend,
vom 25. Februar 1864. Nr. 1300.

Am 18. bis 20. Mai d. J. wird in Parchim in Mecklenburg-Schwerin Seitens des Haupt-Directoriums des Mecklenburgischen patriotischen Vereins eine Thierschau und Ausstellung von Maschinen und Geräthen veranstaltet werden.

Um den diesseitigen Fabrikanten und Producenten die Betheiligung an dieser Ausstellung zu erleichtern, sollen dieselben Bestimmungen eintretenden Falls in Anwendung gebracht werden, welche die Circularverfügung vom 2. März 1858 Nr. 1262 enthält. Die betreffenden Steuerstellen haben deshalb event. hiernach zu verfahren.

Erfurt, den 25. Februar 1864.

Der General-Inspector
des Thüringischen Zoll- und Handels-Vereins.
Wendt.

An die zur Abfertigung
ausländischer Poststücke befugten Steuerstellen und
sämmtliche Obersteuercontroleure Thüringens.
№ 1300.

_____

№ 10. **Circularverfügung,**
Auszeichnung der ausländischen Poststücke in den Postkarten mittelst schwarzer Tinte betreffend,
vom 5. März 1864. Nr. 1432.

Die Regierungen der Zollvereinsstaaten haben sich dahin verständigt, daß vom 1. April d. J. an bei der Kartirung der aus dem Auslande eingehenden zollpflichtigen Poststücke durch die vereinsländischen Poststellen die Worte „vom Auslande" in den betreffenden Postkarten mit schwarzer Tinte auf eine in die Augen fallende Weise unterstrichen werden sollen.

Ich mache dies zur Kenntnißnahme und Beachtung bei der Revision der Postkarten hiermit bekannt.

Erfurt, am 5. März 1864.

Der General-Inspector
des Thüringischen Zoll- und Handels-Vereins.
Wendt.

An sämmtliche mit der Postabfertigungsbefugniß
versehene Steuerstellen und an sämmtliche
Obersteuercontroleure Thüringens
excl. desjenigen zu Erfurt. № 1432.

№ 11. **Circularverfügung,**
die Erweiterung der Abfertigungsbefugnisse der Königlich Preußischen Steuerstellen in Zeitz und Stralsund, Wolgast und Greifswald betreffend,
vom 7. März 1864. Nr. 1375.

Zur Nachachtung und bezüglich Ergänzung des mit der Verfügung vom 12. Juni 1861 Nr. 3224 hinausgegebenen Verzeichnisses der im Zollvereine bestehenden Hauptzollämter ꝛc., so wie des mit der Verfügung vom 22. August v. J. Nr. 5082 zugefertigten Verzeichnisses der an Eisenbahnen belegenen ꝛc. Steuerstellen, mache ich Folgendes bekannt:

1) dem Königlich Preußischen Untersteueramte in Zeitz (Hauptamtsbezirk Naumburg a. S.) ist die Befugniß zur Ausstellung und Ertheilung von Begleitscheinen I. beigelegt worden;
2) die Königlich Preußischen Hauptämter an der Grenze in Stralsund und Wolgast, so wie das Königlich Preußische Nebenzollamt I. in Greifs-

wald, sind denjenigen Steuerstellen im Zollvereine hinzugetreten, welche an Eisenbahnen (Zweigbahn der Berlin-Stettiner Eisenbahn nach Stralsund) gelegen sind und auf welche vom Auslande eingehende Waaren in abhebbaren verschlossenen Behältern abgefertigt werden können.

Erfurt, den 7. März 1864.

Der General-Inspector
des Thüringischen Zoll- und Handels-Vereins.
Wendt.

An alle zur Ausfertigung und Erledigung, resp. nur zur Erledigung von Begleitscheinen befugte Steuerstellen und an alle Obersteuercontroleure des Thüringischen Vereins. № 1375.

№ 12. Circularverfügung,

die Erweiterung der Abfertigungsbefugnisse des Großherzoglich Sächsischen
Steueramtes zu Weimar betreffend,
vom 29. März 1864. Nr. 1914.

Dem Großherzoglichen Steueramte in Weimar ist im Einverständnisse mit den sämmtlichen Regierungen des Thüringischen Zoll- und Handelsvereins von dem Großherzoglichen Staatsministerium, Departement der Finanzen vom 1. April d. J. ab die Befugniß verliehen worden, Begleitscheine I. und II. auszufertigen.

Das Verzeichniß der Zollhebestellen und das besondere Verzeichniß der Steuerstellen im Thüringischen Zoll- und Handelsvereine ist von den betheiligten Steuerstellen und Obercontrolebeamten entsprechend zu ergänzen.

Erfurt, den 29. März 1864.

Der General-Inspector
des Thüringischen Zoll- und Handels-Vereins.
Wendt.

An
sämmtliche mit dem Thüringischen Steuerstellenverzeichnisse versehene Steuerstellen und an sämmtliche Obersteuercontroleure excl. desjenigen zu Erfurt. № 1914.

Hierzu 3 Beilagen.

Gedruckt bei Ludwig Schellenberg in Erfurt.

Muster I.

. . . . , deffen genau Ueber-
einstimmung mit dem . . . . . . hier- **Königreich Preußen.**
durch beschrinigt wird.

1) Abgegeben den . . . ten . . . . .
   18 . .
2) Eingetragen in das Deklarations-Register
   sub No. . .
3) Die Revision übernehmen :

Deklaration

zum Waaren- Eingange.
Durchgange.

Anleitung zum Gebrauch :

1) Jeder Frachtbrief bildet einen eigenen Posten.
2) In der Regel muß das Gewicht jedes einzelnen Colli angegeben werden.

Ich Unterschriebener melde dem . . . .
Amts-Elaiment und im Auftrage der . . . .
. . . . Eisenbahngesellschaft) innen verzeichnete,
auf . . . . geladene Waaren an, und hafte für die
Richtigkeit und Vollständigkeit dieser Anmeldung. Ich über-
gebe zugleich . . . . . Stück Frachtbriefe und die in Spalte 9
näher bezeichneten Documente, ... Stück an der Zahl.
. . . . , den . . . ten . . . . 18 . .

Begleit- Schein I.

über ausländische Waaren, von welchen der Eingangszoll nicht erhoben ist.

Ausfertigungsamt :   **Erledigungsamt :**

D . . . . über (innen) aus diesem von ich . . . verlangten Begleitscheine die
Verpflichtung, die Waaren, auf welche derselbe nebst Deklaration lautet, in der in letzterer angegebenen Gattung und Menge mit
gegenwärtigem Begleitscheine nebst Deklaration bis zum . . . . . bei dem . . . . Amte zu . . . . ,
oder im Falle einer vor Erreichung des obengenannten Ortes von dem Begleitschein-Inhaber angemeldeten Veränderung der
Richtung oder Bestimmung des Transports, bei dem alsdann mit Zustimmung der betreffenden Zoll- oder Steuerbehörde gewählten Amte binnen der anderweit festgesetzten Frist unverändert und mit unverletztem Verschluß zur Revision zu stellen oder stellen zu
lassen, ingleichen für den Betrag des Eingangszolles von den gedachten Waaren, oder, soweit deren Gattung nicht durch specielle
Revision ermittelt ist, für den Betrag des Eingangszolles nach dem höchsten Tarifsaß, den §§. 43 und 58 der Zollordnung gemäß, zu haften. Diese Verpflichtungen erlöschen nur dann, wenn durch das im Begleitscheine ursprünglich oder auf den Antrag
des Begleitschein-Inhabers anderweit bestimmte Empfangsamt bescheinigt sein wird, daß jenen Obliegenheiten völlig genügt sei.

Bemerkungen wegen geleisteter Sicherheit.   **Acceptationserklärung des Begleitschein-Extrahenten.**

Für die vorstehend angegebenen Verpflichtungen ist   . . . . übernehme . . . . diesen Begleitschein
. . . . . Sicherheit geleistet.   und mit demselben die vorstehend angegebenen Verpflichtungen.

Unterschrift des Bürgen.   . . . . , den . . . ten . . . . 18 . .

N . . . . , den . . . ten . . . . 18 . .
. . . . Amt.

(Stempel.)   (Unterschriften.)

I. Deklaration.

1.	2.	3.	4.	5.	6.		7.	8.	9.
Nummer der einzelnen Positionen.	Namen der Empfänger nach Inhalt der Frachtbriefe.	Deren Wohnort.	Zahl und Art der Colli.	Deren Zeichen und Nummern.	Menge.		Unterworfener Maßstab nach Anleitung des Zolltarifs.	Benennung der Waaren, nach der Classification des Zolltarifs.	Anträge und Erläuterungen des Deklaranten oder Begleitschein: Extrahenten.
					a. Brutto-Gewicht.	b. Nettoge-wicht, so-weil bessen Deklara-tion erfor-derlich.			
					Pf | L	Pf | L			
	Mit dem Frachtbrief übereinstimmend. (Unterschrift.)								

II. Revisions-Befund. III. Expedition.

10.	11.	12.	13.	14.	15.	16.	17.	18.	19.	20.	21.	22.	23.	24.	25.	26.
Der Colli		Gewicht nach der Verwiegung.		des Waa- ge- Regi- sters.	Anders weiter Maß gab.	Tarifmä- ßige Be- nennung der vor- gefunde- nen Waaren, mit An- gabe der Tarifposi- tionen.	Angabe, ob und wie ein Verschluß angelegt ist, und Zahl der angelegten Blaie oder Siegel.	Reduction auf Netto- gewicht, (durch Ver- rechnung q der Tarif- mäßigen Taraß mit Angabe des Tarasatzes)	Tarif- satz.	Gefällebetrag			in den Hebe- und Control- Registern.			Bemerkungen.

G Bleie 6
Begleitschein . . 2
. 8

Einnahme (Name des Hebe
Journal . . 147 beamten

Die Richtigkeit der vorstehenden Ausmitte-
lungen bescheinigen
(Die Revisionsbeamten.)

20

Vermerke

der Aemter, bei welchen von dem Inhaber dieses Begleitscheins vor Erreichung des bestimmten Erledigungsamtes
a) eine Unterbrechung oder Verzögerung des Transports (Zollordnung §. 46) oder
b) eine veränderte Bestimmung der Waarenladung (Zollordnung §. 48) oder
c) die Nothwendigkeit einer Theilung derselben (Zollordnung §. 49) oder
d) eine eingetretene Verletzung des Waaren-Verschlusses (Zollordnung § 58)
angemeldet werden möchte.

Erledigungs - Bescheinigungen.

1) Der Begleitschein ist abgegeben:
am . . . ten . . . . 18 . . .

2) Derselbe ist in das Begleitschein-Empfangs-Register . .
Blatt . . . № . . . . eingetragen, dies bescheinigt der
Registerführer:

3) Revisionsbefund:
a) in Betreff des Verschlusses:

b) in Bezug auf Gattung und Menge der Waaren:

Die Richtigkeit dieser Angaben bescheinigen:

4) Nachweis des Ausganges über die Grenze.

A. Abfertigung von der als Grenzzollamt fungirenden Stelle aus:
D . . zu diesem Begleitscheine gehörige . . . . . . Colli
. . . . auf (in) d . . (Güterwagen Nr. . . .
der . . . . Eisenbahngesellschaft) verladen, und letztere
(mit . . . . . Kunstschlössern der Serie . . . verschlossen) am
. . . ten . . . . 18 . . . . mittags . . Uhr
(mit diesem Begleitschein) . . . .
Königliches Haupt . . . . . Amt zu . . . .

D . . vorgedachte . . , mit diesem Begleitscheine . . . .
zur Begleitung übergebene . . (Güterwagen Nr. . . . .) mit
unveränderter Ladung am . . . ten . . . . . . 18 . . .
. . . mittags . . . Uhr an . . . . abge-
liefert worden.
D . . . Begleitungs-Beamte . . . .

B. Abfertigung von der als Ansagezollen fungirenden Stelle aus:
D . . . obenbezeichnete . . . . (Güterwagen Nr.
. . . der . . . . Eisenbahngesellschaft) . .
mit diesem Begleitscheine am . . ten . . . . . . 18 . .
. . . . mittags . . . . Uhr unter Personalbegleitung (ohne
Begleitung) hier eingetroffen und nach Abnahme des unverletzt
befundenen Verschlusses am . . . . ten . . . . 18 . . .
. . . . . . mittags . . . . Uhr.
Königliches . . . . Zollamt zu . . . .

D . . vorgedachte . . , mit diesem Begleitscheine . . .
zur Begleitung übergebene . . . (Güterwagen Nr. . . . .
sind (ist) mit unveränderter Ladung am . . . ten . . . .
18 . . . . mittags . . . . Uhr unter . . . . Augen über die
Grenze ausgegangen.
D . . . . Begleitungs-Beamte . . . .

5) Hierauf bescheinigt das unterzeichnete Amt, daß vorstehender Begleitschein vollständig erledigt ist.
. . . . , den . . . . ten . . . . 18 . . . .
Königliches . . . . Amt.

. . . . , dessen genaue Uebereins   1) Abgegeben den . . . ten . . . . . .
stimmung mit dem . . . .   **Königreich Preußen.**   18 . . .
hierdurch bescheinigt wird.   2) Begleitschein = Empfangs = Register Blatt
. . . . Nr. . . . . .
3) Die Revision übernehmen:

Auszug

aus { der Zollveklaration
dem Begleitscheine

des . . . . Amtes zu . . . . Nr. . . . . . , vom . . . ten . . . . 18 . .

_____

Begleit- Schein I.

über ausländische Waaren, von welchen der Eingangszoll nicht erhoben ist.

Ausfertigungsamt: **Erledigungsamt:**

D . . . . übern (immt) aus diesem von ih . . . verlangten Begleitscheine die
Verpflichtung, die Waaren, auf welche derselbe nebst Declaration lautet, in der in letzterer angegebenen Gattung und Menge mit
gegenwärtigem Begleitscheine nebst Declaration bis zum . . . . . . bei dem . . . . . . Amte zu . . . ,
oder im Falle einer vor Erreichung des obengenannten Ortes von dem Begleitschein = Inhaber angemeldeten Veränderung der
Richtung oder Bestimmung des Transportes, bei dem alsdann mit Zustimmung der betreffenden Zoll= oder Steuerbehörde gewähl=
ten Amte binnen der anderweit festgesetzten Frist unverändert und mit unverletztem Verschluß zur Revision zu stellen oder stellen zu
lassen, inglеichen für den Betrag des Eingangszolles von den gedachten Waaren, oder, soweit deren Gattung nicht durch spesielle
Revision ermittelt ist, für den Betrag des Eingangszolles nach dem höchsten Tarifsatz, den §§. 43 und 58 der Zollordnung ge=
mäß, zu haften. Diese Verpflichtungen erlöschen nur dann, wenn durch das im Begleitscheine ursprünglich oder auf den Antrag
des Begleitschein = Inhabers anderweit bestimmte Empfangsamt bescheinigt sein wird, daß jenen Obliegenheiten völlig genügt sei.

Bemerkungen wegen geleisteter Sicherheit.   **Acceptationserklärung des Begleitschein-Extrahenten.**

Für die vorstehend angegebenen Verpflichtungen ist   . . . . . übernehme . . . . . diesen Begleitschein
. . . . . Sicherheit geleistet.   und mit demselben die vorstehend angegebenen Verpflichtungen

Unterschrift des Bürgen.   . . . . , den . . . ten . . . . 18 . .

N . . . . . , den . . ten . . . . 18 . .   . . Amt.

(Stempel.)   (Unterschriften.)

22

		I. Inhalt	der Zolldeklaration. des Begleitscheins.										II.
Der Colli		Gattung und Menge der Waaren						Angabe					Anträge und sonstige Bemerkungen des Waaren Empfängers.
Zahl und Art der Verpackung.	Zeichen und Nummern.	nach der noch nicht geprüften Angabe des Deklaranten, resp. Begleitschein-Extrabeuten.			nach stattgehabter amtlicher Ermittelung			eb und wie und bei welchem Amte ein Verschluß angelegt ist, und Zahl der angelegten Bleie oder Siegel.	bei welchem Amte die Waaren ursprünglich eingegangen sind.	wenn die Waaren bereits in öffentlichen Niederlagen gelagert haben,		
		Benennung der Waaren nach Anleitung des Zolltarifs.	deren Gewicht.		Benennung der Waaren nach Katalog des Zolltarifs.	deren Gewicht.				wo und wie lange	Lager-Abgang	
			Brutto.	Netto.		Brutto.	Netto nach der Verwiegung.					
2.	3.	4.	5	6.	7.	8.	9.	10.	11.	12.	13.	14.

der Zolldeklaration / übereinstimmend.
dem Begleitscheine

(Unterschrift.)

(Vordruck wie auf der zum Begleitschein I. vorgerichteten Zolldeklaration.)

Muster III.

......., deffen genaue Ueber-
einstimmung mit dem .... hierdurch **Königreich Preußen.**
bescheinigt wird.

1) Abgegeben den .... ten ....
    18....
2) Die Revision übernehmen:

Abmeldung

von Waaren aus der Niederlage des .... Amtes zu ....

Begleit- Schein I.

über ausländische Waaren, von welchen der Eingangszoll nicht erhoben ist.

Ausfertigungsamt: **Erledigungsamt:**

D .... übern (immt) aus diesem von ih ... verlangten Begleitscheine die Verpflichtung, die Waaren, auf welche derselbe nebst Declaration lautet, in der in lezterer angegebenen Gattung und Menge mit gegenwärtigem Begleitscheine nebst Declaration bis zum .... bei dem ...... Amte zu ....., oder im Falle einer vor Erreichung des obengenannten Ortes von dem Begleitschein-Inhaber angemeldeten Veränderung der Richtung oder Bestimmung des Transports, bei dem alsdann mit Zustimmung der betreffenden Zoll- oder Steuerbehörde gewählten Amte binnen der anderweit festgesezten Frist unverändert und mit unverlezztem Verschluß zur Revision zu stellen oder stellen zu lassen, ingleichen für den Betrag des Eingangszolles von den gedachten Waaren, oder, soweit deren Gattung nicht durch specielle Revision ermittelt ist, für den Betrag des Eingangszolles nach dem höchsten Tarifsaz, den §§. 43 und 58 der Zollordnung gemäß, zu haften. Diese Verpflichtungen erlöschen nur dann, wenn durch das im Begleitscheine ursprünglich oder auf den Antrag des Begleitschein-Inhabers anderweit bestimmte Empfangsamt bescheinigt sein wird, daß jenen Obliegenheiten völlig genügt sei.

Bemerkungen wegen geleisteter Sicherheit.   **Acceptationserklärung des Begleitschein-Extrahenten.**

Für die vorstehend angegebenen Verpflichtungen ist ..... Sicherheit geleistet.

Unterschrift des Bürgen.

.... übernehme.. diesen Begleitschein und mit demselben die vorstehend angegebenen Verpflichtungen.

....., den .. ten .... 18..

N ...., den .. ten .... 18..

.... Amt.

(Stempel.)   (Unterschriften.)

I. Angabe des Abmelders nach Inhalt des Abmeldescheins. | II.

Niederlage-Register.			Der Colli				Der Waaren						Angabe					Anträge und sonstige Bemerkungen des Abmelders
Haupt-Abtheilung	Blatt	№	Tag der Niederlegung.	Zahl und Art der Verpackung.	Zeichen und Numern	Gattung nach der noch nicht bewährten Angabe des Deklaranten resp. Begleit-scheins-Extrahenten	nach Maaßgabe der gehabten amtlichen Ermittelung	Sollgewicht Brutto / Netto		Einlagerungs-Gewicht Brutto / Netto		Anderer weiter Maaßstab	ob und wie ein Verschluß angelegt ist, und Zahl der angelegten Bleie oder Siegel	bei welchem Amte die Waaren ursprünglich eingegangen sind	wenn dieselben bereits in öffentlichen Niederlagen gelagert haben wo und wie lange / Lager-abgang		
1.	2.	3.	4.	5.	6.	7.	8.	9.	10.	11.	12.	13.	14.	15.	16.	17.	18.

Mit dem Niederlage-Register übereinstimmend.

(Unterschrift.)

III. Revisionsbefund.							IV. Vergütung für Lagerabgang.		V. Gefälle-Berechnung.				VI. Weiterer Nachweis der Waaren.		
Der Colli	Anga- be des vorge- nnnde- nen Ver- schluf- fes, der Num- mer Plie- der Tarif- Siegel	Der Waaren					Wirk- licher Lager- ab- gang	Zoll- frei zu be- lassen- der Lager- ab- gang	Zu verzollen- des Gewicht		Rettoge- wicht durch Abrechnung der tarif- mäßigen Tara, mit Angabe der Tariftara.	Ta- rif- satz	Ge- fälle- Be- trag	In den Hebe- und Control-Registern.		
Zahl und Art der Ver- pack- ung.		tarif- mäßige Be- nen- nung mit An- gabe der Tarif- post.	Menge											Be- nen- nung der Re- gister	Blatt No.	im Rem- mer- zial- Re- gister
			Auslagerungs- Gewicht						Brutto	Nette						
			Brutto	Nette	Unberechter Maßstab											
			Ʒ B	Ʒ B			Ʒ B	Ʒ B	Ʒ B B Ɽ		Ɽ Ʒ B	Ɽ B				
19.	20.	21.	22.	23.	24.	25.	26.	27.	28.	29.	30.	31.	32.	33.	34.	35.

Für die richtige Ermittelung.
...., den .. ten .... 18 ..
(Unterschrift.)

(Vordruck wie auf der zum Begleitschein I. vorgerichteten Zolldeklaration.)

Amtsblatt

des

General-Inspectors

des Thüringischen Zoll- und Handels-Vereins.

3tes Stück vom Jahre 1864.

№ 13. **Circularverfügung,**

betreffend die Errichtung einer Zollabfertigungsstelle auf dem Bahnhofe der Magdeburg-Wittenberger Eisenbahn in Magdeburg,

vom 18. März 1864. № 1811.

Auf dem Bahnhofe der Magdeburg-Wittenberger Eisenbahngesellschaft in
Magdeburg ist eine Zollabfertigungsstelle errichtet worden, welche vom 1. April d.
J. an im Namen und mit den Befugnissen des dortigen Königlich Preußischen Haupt-
steueramtes fungiren wird.

Die Beilage des mit der Circularverfügung vom 12. Juni 1861 Nr. 3224
hinausgegebenen Zollstellenverzeichnisses, sowie das mit der Circularverfügung vom
22. August v. J. Nr. 5082 zugegangene Verzeichniß der an Eisenbahnen belegenen
und zur Abfertigung der in abgehbaren verschlossenen Behältern eingehenden Waaren
befugten Steuerstellen ist hiernach entsprechend zu ergänzen.

Erfurt, den 18. März 1864.

Der General-Inspector
des Thüringischen Zoll- und Handels-Vereins.
Wendt.

An alle zur Ausfertigung und Erledigung,
resp. nur zur Erledigung von Begleitscheinen befugten Steuerstellen und an alle
Oberkontroleure d. s Thüringischen Vereins.
№ 1811.

№ 14. **Verfügung,**

betreffend die amtliche Ueberwachung der zur unmittelbaren Durchfuhr abgefertigten Güterzüge an Orten, wo sie übernachten rc.

vom 31. März 1864. Nr. 1926.

Durch die Circularverfügung vom 26. Juli 1860 Nr. 3632 ist unter 1. d.
bestimmt, daß an Orten, wo die zum unmittelbaren Durchgange auf den Eisenbahnen abgefertigten Güterzüge übernachten, die Abfertigungspapiere den Zollbehörden
zur Bescheinigung der Ankunft und des Abganges vorzulegen sind.

Die Regierungen der Zollvereinsstaaten haben sich gegenwärtig dahin verstän
digt, daß diese Bestimmung künftig nicht weiter zur Anwendung gebracht werden soll
und es vielmehr genügt, daß die zur unmittelbaren Durchfuhr abgefertigten Güter
züge an Orten, wo sie übernachten oder sonst sich längere Zeit hindurch aufhalten,
durch Steuer- oder Zollbeamte thunlichst überwacht werden.

Hiernach ist künftig

Zuf. ad 2) und 4) event. unter Einvernehmen mit dem Herrn Be
zirksobercontroleur,

ad I — 4 zu verfahren und das Geeignete wahrzunehmen.

Erfurt, den 31. März 1864.

Der General-Inspector
des Thüringischen Zoll- und Handels-Vereins.
Wendt.

An die ic. Hauptsteuerämter 1) hier,
2) in Altenburg, 3) in Coburg, 4) das ic.
Steueramt in Gera. № 1926.

№ 15. Bekanntmachung,

**betreffend Veränderungen in der Einrichtung der Zoll- und Steuerstellen zu
Artlenburg, Hohnstorf und Lüneburg,**

vom 8. April 1864. Nr. 2165.

In Folge der Betriebseröffnung auf der Lüneburg-Lauenburger Eisenbahn
sind folgende Veränderungen in der Einrichtung der Königlich Hannoverschen Zoll-
und Steuerstellen zu Artlenburg, Hohnstorf und Lüneburg eingetreten:

1) das bisherige Nebenzollamt I. zu Artlenburg ist aufgehoben und an dessen
   Stelle ein Nebenzollamt II. errichtet mit der erweiterten Befugniß, Deklara-
   tionsscheine in gleichem Umfange, wie dies den Nebenzollämtern I. zusteht,
   auszustellen und zu erledigen, Vieh nach den benachbarten Markterten im
   Auslande abzufertigen und die von dem bisherigen Nebenzollamte I. zu Artlenburg ausgefertigten, erledigten Begleitscheine in Empfang zu nehmen, sowie auf dasselbe noch ausgestellte Begleitscheine zu erledigen.

2) Neben dem bestehen bleibenden Nebenzollamte II. zu Hohnstorf am Hanno-
   verschen Landungsplatze der Lauenburger Fähre ist auf dem Bahnhofe zu
   Hohnstorf ein neues Nebenzollamt I. mit der Bezeichnung „Nebenzollamt
   I. zu Hohnstorf auf dem Bahnhofe" im Sinne des §. 5 des allgemeinen
   Regulativs über die zollamtliche Behandlung des Güter- und Effektentrans-
   portes auf den Eisenbahnen errichtet und zur unbeschränkten Ausfertigung und
   Erledigung von Begleitscheinen, zur unbeschränkten Eingangsbehandlung der
   Postgüter und zur Abfertigung der mittelst der Posten zum Transit nach dem
   Mecklenburgischen ausgehenden Güter ermächtigt.

3) Zu Lüneburg ist auf dem Bahnhofe eine Abfertigungsstelle unter der Bezeichnung „Königliches Hauptsteueramt, Abfertigungsstelle auf dem Bahnhofe" nach Maßgabe der Bestimmungen unter Nr. 4 der Anweisung zu dem allgemeinen Regulativ über die zollamtliche Behandlung des Güter- und Effektentransports auf den Eisenbahnen errichtet.

Das mit der Circularverfügung vom 12. Juni 1861 Nr. 2224 herausgegebene Verzeichniß der im Zollvereine bestehenden Hauptzollämter ꝛc. nebst Beilage, so wie das mit der Circularverfügung vom 22. August v. J. Nr. 5082 angefertigte Verzeichniß der an Eisenbahnen belegenen ꝛc. Steuerstellen ist hiernach entsprechend zu berichtigen, bezüglich zu ergänzen.

Erfurt, den 8. April 1864.

Der General-Inspector
des Thüringischen Zoll- und Handels-Vereins.
In Vertretung:
Der Oberregierungsrath
Schred.

N. 2165.

№ 16. Verfügung,
die Abänderung der mit dem allgemeinen Niederlageregulative mitgetheilten Muster betreffend,
vom 30. März 1864. Nr. 1930.

Wie in der Circularverfügung vom 19. Februar d. J. Nr. 1184 angedeutet worden, erscheint es zweckmäßig, die mit dem allgemeinen Niederlageregulative mitgetheilten Muster (A 1 und 2 und C.) zu Niederlage-Anmeldungen, Declarations- und Begleitschein-Auszügen und die Niederlage-Abmeldungen allgemein mit Spalten zu versehen, in denen diejenigen Gewichtsmengen ersichtlich zu machen sind, auf deren Vergleichung es ankommt, wenn ein Zoll-Erlaß für das durch Eintrocknen ꝛc. in der Niederlage entstandene Mindergewicht gewährt werden soll.

Die demnächst geänderten Muster zu den erwähnten Abfertigungs-Papieren, welche aus den Beilagen zu ersehen sind, kommen erst nach Verbrauch der von den alten Formularen noch vorhandenen Vorräthe zur Verwendung.

Es ist jedoch anzuzeigen, binnen welcher Zeit voraussichtlich die neuen Formulare werden in Gebrauch genommen werden.

Erfurt, den 30. März 1864.

Der General-Inspector
des Thüringischen Zoll- und Handels-Vereins.
Wendt.

An die ꝛc. Hauptsteuerämter
in Gotha, Coburg, Altenburg und hier.
№ 1930.

№ 17. **Bekanntmachung,**

die Eröffnung eines Nebenzollamts I. auf dem Bahnhofe zu Eupen und die Abfertigungsbefugnisse desselben und des Untersteueramts zu Waldheim betreffend,

vom 3. Mai 1864. № 2613.

1) Auf dem Bahnhofe zu Eupen im Hauptamtsbezirke Aachen ist am 1. d.
Mts. ein Nebenzollamt I. eröffnet worden und gleichzeitig das Ansageverfahren in
Betreff der unter Wagenverschluß von Herbesthal nach Eupen abzulassenden
Güter ausnahmsweise eingetreten.

2) Dem Königlich Sächsischen Untersteueramte zu Waldheim im Hauptamtsbezirke Freiberg ist im Interesse der dortigen Tabaksfabriken die Ermächtigung
zur Erledigung von Begleitscheinen II. über unbearbeiteten Blättertabak und Stengel
beigelegt worden.

Das mit der Circularverfügung vom 12. Juni 1861 № 3224 hinausgegebene
Verzeichniß der im Zollvereine bestehenden Hauptzollämter rc. nebst Beilage ist hiernach entsprechend zu ergänzen.

Erfurt, den 3. Mai 1864.

Der General-Inspector
des Thüringischen Zoll- und Handels-Vereins.
Wendt.

№ 2613.

№ 18. **Bekanntmachung,**

die Abfertigungsbefugnisse der Untersteuerämter zu Rheinberg und Waldheim betr.

vom 3. Mai 1864. № 2770.

1) Dem Königlich Preußischen Untersteueramte zu Rheinberg in der Rheinprovinz ist die Befugniß zur Erledigung von Uebergangsscheinen und

2) dem Königlich Sächsischen Untersteueramte zu Waldheim im Hauptamtsbezirke Freiberg im Interesse der dortigen Tabaksfabriken die Ermächtigung zur Erledigung von Uebergangsscheinen über unbearbeiteten Blättertabak und Stengel verliehen worden.

Die Uebersicht B. der in den Staaten des Zollvereins zur Erhebung von Uebergangsabgaben, so wie zur Ausfertigung und Erledigung von Uebergangsscheinen ermächtigten Zoll- und Steuerstellen ist hiernach entsprechend zu ergänzen.

Erfurt, den 3. Mai 1864.

Der General-Inspector
des Thüringischen Zoll- und Handels-Vereins.
Wendt.

№ 2770.

Hierzu 3 Beilagen zu Seite 31.

Gedruckt bei Ludwig Schellenberg in Erfurt.

A.

Aus

Begleitschein-Empfangs-Register Blatt №

der Zoll-Deklaration i des Amts zu № dem
dem Begleitscheine

Behufs der Anmeldung derselben zur Niederlage.

I. Inhalt der Zolldeklaration.
des Begleitscheins.

№ der einzelnen Positionen.	der Colli		Gattung und Mengen der Waaren.						Angabe			
	Zahl und Art der Verpackung.	Zeichen und Nummern.	Nach der noch nicht geprüften Angabe des Deklaranten resp. Begleitschein-Extrahenten.			nach abgehaltener amtlicher Ermittelung			ob und wie ein Verschluß angelegt ist, und Zahl der angelegten Bleie oder Siegel.	bei welchem Amte die Waaren ursprünglich eingegangen sind.	wenn dieselben bereits in öffentlichen Niederlagen gelagert haben	
			Benennung der Waaren nach Anleitung des Zolltarifs.	deren Gewicht		Benennung der Waaren nach Anleitung des Zolltarifs.	deren Gewicht				wo und wie lange?	Lager-Abgang.
				Brutto	Netto		Brutto	Netto nach der Verzollung.				
1.	2.	3.	4.	5.	6.	7.	8.	9.	10.	11.	12.	13.

Zur Nachricht. Die Steuer-Verwaltung ist befugt, denjenigen, welcher ihr diesen Niederlageschein vorlegt,
legitimirt anzuerkennen, und nicht verpflichtet, auf eine nähere Prüfung einzugehen, ob derselbe recht

(1.)

Zug

Die Revision übernehmen:

186   über die damit an Unterzeichnete   eingegangenen Waaren.

II.		III Revisions-Befund.				IV. Aufnahme der Waaren in die Niederlage.	V. Abgang aus der Niederlage.					
			der Waaren			der Niederlags-Rezideut			Der Colli			
Artikle und sonstige Bemerkungen des Waaren-Umplåzged.	Zahl und Art der Colli.	Angabe des vorgefundenen Gewichtes. Zahl der Eiserner Siegel.	Gattung mit Angabe der Tarif-Position	Menge durch Verwiegung ermittelltes Gewicht. Brutto / Netto.	Haver. weiler Maß-ßab.		Bemerkungen über angelegten Berschluß.	Datum des Abgangs.	Zahl und Art der Beradung.	Zeichen und Nummer.	Gewicht. Brutto / Netto.	
		fl	kr fl			Lcile Gerie. Blatt	fl				fl	kr fl
14.	15.	16.	17.	18.	19.	20.	21.	22.	23.	24.	25.	26.	27.

zur Disposition über die niedergelegten Waaren   i li zu
ßiger Besitzer des Niederlagscheins sei. zu   i ph

Beilage II. zu Seite 31.

A.

Begleitschein-Empfangs-Register Blatt   №

Aus

an

der Zoll-Deklaration / bem Begleitscheine	des	Amtes zu	№ vom

Behufs der Anmeldung derselben zur Verzollung

oder zur Weiterversendung auf Begleitschein nach   über da

1. Inhalt { der Zolldeklaration. des Begleitscheins.

№ der einzelnen Positionen.	der Colli		Gattung und Menge der Waaren.					Angabe				
	Zahl und Art der Verpackung.	Zeichen und Nummern.	Nach der noch nicht geprüften Angabe des Deklaranten resp. Begleitschein-Extrahenten.		deren Gewicht		Nach stattgehabter amtlicher Ermittelung		deren Gewicht		ob und wie und bei welchem Amte ein Verschluß angelegt ist, und Zahl der angelegten Bleie oder	bei welchem Amte die Waaren ursprünglich eingegangen sind.	wenn die Waaren bereits in öffentlichen Niederlagen gelagert haben	
			Benennung der Waaren nach Anleitung des Zolltarifs.	Brutto.	Netto.	Benennung der Waaren nach Anleitung des Zolltarifs.	Brutto.	Netto nach der Ver- wie				wo und wie lange?	Lager- Abgang.

(2.)

Zug

186   über die damit an Unterzeichnete   eingegangenen Waaren,

Amt zu _____   ℒ. i. durch _____

II.	III. Revisions-Befund.						IV. Gefälleberechnung.						V. Weiterer Nachweis der Waaren.			Bemerkungen über beibehaltenen oder angelegten Beschluß u. s. w.
Anträge und sonstige Bemerkungen des Waaren-Empfängers.	Der Colli		Angabe des vorgefundenen Verschlusses und Zahl der Bleie oder Siegel.	Der Waaren				Zoll-frei zu belassen der Lager-Abgang.	In verzollendes Gewicht.		Nettogewicht durch Abrechnung der tarifmäßigen Tara mit Angabe des Tarif-satzes.	Tarif-satz.	Ge-fälle-Betrag.	In den Oder- und Controle-Registern		in Remanzial-Register.	
	Zahl und Art der Verpackung.	Zeichen und Nummern.		tarifmäßige Benennung mit Angabe der Tarif-positionen.	Menge		Kentralner Maßstab		Brutto.	Netto.				Benennung des Registers	dessen Blatt		
					durch Verwiegung ermitteltes Gewicht.												
				Brutto.	Netto.												
14.	15.	16.	17.	18.	19.	20.	21.	22.	23.	24.	25.	26.	27.	28.	29.	30.	31.

.

''

C

Abmel

von Waaren aus der Niederlage des   Amtes zu

über das   Amt zu

	I. Angabe des Abmelders nach Inhalt des Niederlagescheins.																II.
Niederlage-Register.		Der Colli		Der Waaren									Angabe				Anträge und sonstige Bemerkungen des Abmelders.
				Gattung		Menge.							ob und wie ein Verschluß angelegt ist und Zahl der angelegten Plene oder Siegel.	bei welchem Amte die Waaren ursprünglich eingelegten sind.	warum dieselben bereits in öffentlichen Niederlagen gelagert haben.		
	Tag der Niederlegung	Zahl und Art der Verpackung	Zei- chen und Num- mern	nach der noch nicht geprüften Angabe des De- claranten resp. Begleitscheins.	nach stattge- habter amtlicher Ermitte- lung.	Zollgewicht.		Einlagerungs- Gewicht.		An- verwen- deter Maß- stab.					wo und wie lange?	Lager- Ab- gang.	
						Brutto	Netto	Brutto	Netto								
1.	2.	3.	4.	5.	6.	7.	8.	9.	10.	11.	12.	13.	14.	15.	16.	17.	18.

Die Revision übernehmen:

r Vergeltung, oder zur Versendung auf Begleitschein nach

durch

III. Revisionsbefund.							IV. Vergütung für Lagerabgang.		V. Gefälleberechnung.			VI. Weiterer Nachweis der Waaren.			Bemerkungen über besondere Vorkommnisse
Der Colli			Der Waaren					Zoll-freies zu belastendes Gewicht der Lager-Abgang.	Zu verzollendes Gewicht.		Nettagewicht durch Abrechnung der tarifmäßigen Tara mit Angabe der Tariftara.	Tarif-satz.	Ge-fälle-Betrag.	in den Heber- und Control-Registern.			
Zahl und Art der Ver-pa-ckung.	Zei-chen und Num-mern.	Angabe des verschlossenen Verschlusses Zahl der Bleie oder Siegel.	tarifmäßige Benennung mit Angabe der Tarif-position.	Menge			Wirk-licher Lager-Ab-gang.		Brutto.	Netto.				Be-nennung der Register	deren	in Kommerzial-Register.	
				Auslagerungs-Gewicht l.		Ueberweiser Maßstab.									Blatt		
				Brutto	Netto												
				℔ ℔	℔ ℔		℔	℔	℔ ℔	℔ ℔ ℔	℔ ℔	℔ ℔	fr. kr. fr. kr.				
19.	20.	21.	22.	23.	24.	25.	26.	27.	28.	29.	30.	31.	32.	33.	34.	35.	36.

Amtsblatt

des
General-Inspectors
des Thüringischen Zoll- und Handels-Vereins.

4tes Stück vom Jahre 1864.

№ 19. **Circularverfügung,**

Tarifentscheidungen betreffend,

vom 9. Februar 1864. Nr. 855.

Nachstehende Sammlung von Tarifentscheidungen hat bei vorkommenden Abfertigungen zur Beachtung zu dienen und ist deshalb im amtlichen Waarenverzeichnisse
zum Vereinszolltarife das Nöthige zu notiren.

1) **Gemälderahmen.** Nach der Bestimmung des amtlichen Waarenverzeichnisses
sind Rahmen von Holz oder Metall, mit und ohne Vergoldung (Bronce), der
allgemeinen Eingangsabgabe zugewiesen, wenn sie zur Einfassung der vom Auslande eingehenden Gemälde dienen. Die Regierungen der Zollvereinsstaaten
haben sich über eine Erweiterung dieser Bestimmung dahin verständigt, daß
auf Rahmen auch dann nur die allgemeine Eingangsabgabe Anwendung finden
soll, wenn sie gleichzeitig mit den Gemälden besonders, sei es in einer und
derselben Kiste oder in verschiedenen Kisten, eingehen, aber unzweifelhaft zur
Einfassung dieser Gemälde bestimmt sind.

2) **Korksohlen,** entweder mit wollenen Geweben (z. B. Flanell) oder mit solchen
und (auf der unteren Fläche) weißgarem Leder überzogen, sind nach pos. II. 12 f.
V. T. zu classificiren.

3) **Nähmaschinen.** Im Anschlusse an das Verfahren in anderen Vereinsstaaten
sind die mit Nähmaschinen eingehenden eisernen Untergestelle und dazu gehöri-
gen Tischchen als Bestandtheile der betreffenden Instrumente (der eigentlich
wirkenden Nähmaschinen) in Gemäßheit des 9. Instruktionspunktes zum amtlichen Waarenverzeichnisse wie die Nähmaschinen selbst nach dem Satze von
6 Thalern pro Centner zum Eingange zu verzollen, ohne Rücksicht darauf, ob diese
Theile und die eigentliche Maschine zusammen in einem Collo oder in verschiedenen Colli eingehen.

Hierbei ist vorausgesetzt, daß die erwähnten Gegenstände vermöge ihrer Beschaffenheit als Theile der Nähmaschinen erkannt werden und die Wahrscheinlichkeit einer anderen Verwendung nicht besitzt.

4) Plattschnüre, seidene, mit Messingstiftchen an beiden Enden, gehören, da diese Stiftchen einen unwesentlichen Bestandtheil bilden, der Tarifposition II. 30b V. T. an.

5) Scheeren. Eiserne blos abgeschliffene Scheeren mit lackirtem Griffe sind nach Tarifposition II. 6. f. 2. mit 6 Thalern pro Centner zum Eingange zu erzählen.

6) Tabackspfeifen mit Porzellanköpfen ohne vergoldete oder versilberte Beschläge sind auch dann, wenn der Porzellankopf bemalt ist, mit 10 Thalern pro Centner nach pos. II. 12. f. V. T. zu verzollen.

7) Weinrebenholz. Während auf Weinrebenholz das in Stocklängen geschnitten eingeht, sonst aber keine weitere Verarbeitung zu Stöcken erfahren hat, die pos. I. 16. des Tarifs Anwendung findet, ist es als eine weitere Bearbeitung anzusehen, wenn z. B. eine Entschälung derartiger Rebhölzer stattgefunden hat. Im letzteren Falle greift also die Anmerkung zu pos. II. e. und b. V. T. — vergl. Decret vom 9. Mai 1863 Nr. 2891 sub 5. — Plat.

Erfurt, den 9. Februar 1864.

Der General-Inspector
des Thüringischen Zoll- und Handels-Vereins.
Wendt.

An die 4 Hauptsteuerämter und an die Steuerämter zu Apolda, Arnstadt, Eisenach, Gera, Greiz, Meiningen, Weimar, so wie an die Obersteuerkontroleure Thüringens exol. Erfurt. M 855.

№ 20. Bekanntmachung,

betreffend die Abfertigungsbefugnisse der Hauptsteuerämter zu Zwickau und Freiberg.
vom 10. Mai 1864. Nr. 2658.

Den Königlich Sächsischen Hauptsteuerämtern zu Zwickau und Freiberg, welche bisher mit Niederlagen nicht versehen waren, ist gegenwärtig die Ermächtigung zur Erledigung und Ueberweisung von Begleitscheinen I. ertheilt worden.

Das Verzeichniß der im Zollverein bestehenden Hauptzollämter rc. ist hiernach zu ergänzen.

Erfurt, den 10. Mai 1864.

Der General-Inspector
des Thüringischen Zoll- und Handels-Vereins.
Wendt.

№ 2658.

№ 21. **Bekanntmachung,**

betreffend die Abfertigungsbefugnisse der Stenereinnehmerei zu Ettlingen und der
Ortseinnehmereien zu Dieburg und Lauterbach,
vom 10. Mai 1864. № 2941.

1. Der Großherzoglich Badischen Steuereinnehmerei zu Ettlingen ist die Befug
niß zur Ausstellung von Uebergangsscheinen für Wein und

2) den Großherzoglich Hessischen Ortseinnehmereien zu Dieburg und Lauterbach
die Ermächtigung beigelegt worden, Uebergangsscheine bei der Versendung übergangssteuerpflichtiger Gegenstände unter Antheilnahme der dortigen Großherzoglichen Di-
striktseinnehmer auszufertigen.

Die betreffende Uebersicht der Steuerstellen ist hiernach zu ergänzen.

Erfurt, den 10. Mai 1864.

№ 2941.

Der General-Inspector
des Thüringischen Zoll- und Handels-Vereins
Wendt.

№ 22. **Circularverfügung,**

den Transport übergangssteuerpflichtiger Gegenstände auf der Main-Weserbahn
betreffend,
vom 9. Mai 1864. Nr. 2891.

Einer mir zugegangenen Benachrichtigung zu Folge ist das zuletzt bis Ende
1862 verlängert gewesene und seittem faktisch fortbestandene Uebereinkommen der Regierungen des Kurfürstenthums und des Großherzogthums Hessen, so wie der freien
Stadt Frankfurt a. M. über den Transport übergangssteuerpflichtiger Gegenstände
auf der Main-Weserbahn nunmehr bis zum Schlusse des Jahres 1865 ausdrücklich
verlängert worden.

Unter Verweisung auf die Circularverfügungen vom 29. Januar 1857 Nr. 506
und vom 19. Januar 1860 Nr. 675 mache ich dies den betheiligten Steuerstellen
meines Ressorts mit dem weiteren Bemerken bekannt, daß unter den obengenannten
paciscirenden Regierungen im Einverständnisse mit den mit Kurhessen in vertrags-
mäßiger Gemeinschaft der Uebergangsabgaben stehenden Staaten neuerdings eine zu-
sätzliche Vereinbarung getroffen worden ist, wonach in Fällen bedeutender gleichzeitiger Abfertigungen von übergangsabgabepflichtigen Gegenständen (einschließlich von
Flaschenweinen in Kisten) die Großherzoglich Hessischen Hauptzollämter und das Hauptsteueramt zu Frankfurt von der regelmäßig vor der Ausfertigung des Uebergangsscheine
vorzunehmenden speciellen Revision und Verwiegung sämmtlicher Colli entbunden
und ermächtigt worden sind, diese Abfertigung auf nur einen Theil, welcher jedoch

minbestens ⅛ der Collizahl der betreffenden Sendung eines und desselben Uebergangsscheinextrahenten umfassen soll, zu beschränken.

Erfurt, den 9. Mai 1864.

Der General-Inspector
des Thüringischen Zoll- und Handels-Vereins.
Wendt.

An die zur Erhebung von Uebergangsabgaben und zur Ausfertigung und Erledigung
von Uebergangsscheinen über steuerpflichtige
Gegenstände befugten Steuerstellen und an
sämmtliche Obersteuercontroleure
(excl. desjenigen zu Erfurt.)
№ 2891.

№ 23. Circularverfügung,

die Thier-, Maschinen- und Geräthausstellung in Parchim in Meklenburg-Schwerin betreffend,

vom 9. Mai 1864. № 2924. *)

In Verfolg meiner Circularverfügung vom 26. Februar d. J. Nr. 1300 mache ich bekannt, daß die von der Hauptdirektion des Meklenburgischen patriotischen Vereins veranstaltete Ausstellung in Parchim, nach einer Mittheilung der Großherzoglich Meklenburgischen Regierung nicht vom 18. bis 20. Mai d. J., sondern vom 1. bis 4. Juni d. J. Statt finden wird.

Erfurt, den 9. Mai 1864.

Der General-Inspector
des Thüringischen Zoll- und Handels-Vereins.
Wendt.

An die zur Abfertigung ausländischer Poststücke
befugten Steuerstellen und sämmtliche Obersteuercontroleure Thüringens.
№ 2924.

*) Vergleiche Seite 14.

Verzeichniß

der

Steuerstellen und Steuerbeamten,

sowie

der Salinecontrolebehörden und Salineaufsichtsbeamten

im

Thüringischen Zoll- und Handels-Vereine.

(Ende Mai 1864.)

A.
Steuerstellen und Steuerbeamte.

Beilage zum 4ten Stücke des Amtsblatts des General-Inspectors des Thüringischen Zoll- und Handelsvereins pro 1864.

Vereinsland.	Bezeichnung der Steuerstellen.	№	Sitz der Steuerstellen.	№	Der Beamten, welche bei den Steuerstellen (nur stellvertretend) fungiren,		
					Namen.	Dienstcharakter.	Prädicat ꝛc. ꝛc.
1.	2.		3.		4.	5.	6.
Preußen.	1 Hauptsteueramt		Erfurt.	1	Reinzerler ~~Lischer~~	Obersteuerinspector.	Steuerrath.
				2	~~Steinbrecher~~ von Hall	Hauptsteueramts-Rendant.	
				3	Benesenborn	Hauptsteueramts-Controleur.	
				4	Koch	Hauptsteueramts-Assistent.	Obercontroleur.
				5	Simon	Hauptsteueramts-Assistent.	
				6	Vetter	Hauptsteueramts-Assistent.	
	1a mit Zollabfertigungsstelle am Bahnhofe		Erfurt.	7	Gohlit	Steuerexpeditions-Vorsteher.	Obercontroleur.
				8	Richter	Hauptsteueramts-Assistent.	
	2 Untersteueramt		Suhl.	9	Walter	Steuereinnehmer.	. . . .
	3 Steuerreceptur		Schleusingen.	10	~~Morgenroth~~ Müller	Steuerreceptor.	Kreissteuereinnehmer u. ~~Steuerrath~~.
	4 Steuerreceptur		Schwarza.	11	~~Ziele~~ Ibesse	Steuerreceptor.	. . . .
	5 Untersteueramt		Gesell.	12	Kohne	Steuereinnehmer.	
	6 Steuerreceptor		Ziegenrück.	13	~~Richert~~ Wartin	Steuerreceptor.	. . . .
	7 Steuerreceptur		Ranis.	14	~~Bottmann~~ Schmid	Steuerreceptor.	. . . .
~~Kurhessen.~~	8 Steueramt		Schmalkalden.	15	~~Weith~~ Hirsch	Steuererheber.	. . . .
				16	~~Schubach~~ Hirhard	Controleur.	
	9 Steuerstelle		Brotterode.	17	~~Müller~~ Xiele	Controleur.	Postverwalter.
Sachsen-Weimar.	10 Steueramt		Weimar.	18	Rimbach	Rendant.	. . . .
				19	~~Strenst~~	Assistent.	
	11 Steuerreceptur		Blankenhain.	20	~~Schichalmann~~	Recepturverwalter.	Rechnungs-Amtmann.
				21	~~Schichalmann~~	Assistent.	
	12 Steuerreceptur		Buttstedt.	22	~~Schimdt~~ Brüpe	Recepturverwalter.	Rechnungs-Amtmann.
				23	~~Weiger~~ Hergud	Assistent.	
	13 Steuerreceptur		Umbele	24	Uichmann Johan	Recepturverwalter.	. . . .
	14 Steueramt		Jena.	25	Mehlhos	Rendant.	. . . .
				26	~~Ampenhof~~	Assistent.	
	15 Steueramt		Apolda.	27	Schilling	Rendant.	
				28	~~Steur~~ Kleiner	Assistent.	
	16 Steuerreceptur		Bürgel.	29	Scheinert	Recepturverwalter.	

Für die Gemeinschaft fungirende Steueraufsichtsbeamte.

	Oberſteuercontroleure.				Berittene Steueraufseher.			Unberittene Steueraufseher und Verwiegungsbeamte.		Obercontrolr. Bezirk
No.	Namen.	Prädicat ꝛc.	Stationsort.	No.	Namen.	Stationsort.	No.	Namen.	Stationsort.	
7.	8.	9.		10.	11.		12.	13.		14.
1	*)	. . . . . .	Erfurt.	1	~~Gehner~~	Erfurt.	1	Keil	Erfurt.	Erfurt.
				2	~~Dipbel~~	Erfurt.	2	Droge, ...	Erfurt.	
					~~............~~		3	Spielberg	Erfurt.	
					Lölich					
2	Baumgarten	...	Suhl.				4	~~Urbrich~~	Suhl.	Suhl.
	. . . . . .	. . . . . .	. . . . . .	3	~~Oppermann~~	Schleuſingen.	5	Heine	Schleuſingen.	
	. . . . . .	. . . . . .	. . . . . .				6	~~............~~	Schwarza.	
	. . . . . .	. . . . . .	. . . . . .				7	~~Braun~~	Geſell.	Schleiz.
	. . . . . .	. . . . . .	. . . . . .				8	~~............~~	Blankenberg.	
	. . . . . .	. . . . . .	. . . . . .				9	~~............~~	Ziegenrück.	Saalfeld.
	. . . . . .	. . . . . .	. . . . . .	4	~~Weinmeiſter~~	Schmalkalden.	10	~~............~~	Schmalkalden.	
3	~~Siefert~~	Oberſteuer-Inſpektor	Weimar.	5	Meiſezahl	Weimar.	11	~~............~~	Weimar.	Suhl.
	. . . . . .	. . . . . .	. . . . . .				12	~~Hoffe~~	Blankenhain.	Weimar.
	. . . . . .	. . . . . .	. . . . . .	6	~~Engau~~	Buttſtedt.		. . . . . .	. . . . . .	
	. . . . . .	. . . . . .	. . . . . .	7	~~Suhlort~~	Ilkesen.				
4	Schmidt	...	Jena.	8	Morgenroth	Jena.	13	Witſchel	Jena.	Jena.
	. . . . . .	. . . . . .	. . . . . .	9	Schiffner.	Apolda.				
	. . . . . .	. . . . . .	. . . . . .			. . . . . .	14	Nebe	Bürgel.	

*) Die Geſchäfte des Bezirksobercontroleurs werden von dem daſigen Hauptſteueramtsvorſtande mit beſorgt.

Vereinsland.	No.	Bezeichnung der Steuerstellen.	Siß der Steuerstellen.	No.	Namen.	Dienstcharakter.	Prädicat ꝛc. ꝛc.
1.		2.	3.		4.	5.	6.
Ferner Sachsen-Weimar.	17	Steueramt	Eisenach.	30	Rugo	Rendant.	....
				31	Stein	Assistent.	
				32	Reinhard Kriegsendorf	Assistent.	Kammerrechnungs
	18	Steueramts-Receptur	Vacha.	33	Weber Sauberlich Thalow	Rendant.	
	19	Steueramt	Berka a. W.	34	Siefert	Rendant.	
	20	Steuerreceptur	Creußburg.	35	Kämmermann	Recepturverwalter.	Steuercommissair.
	21	Steuerreceptur	Geisa.	36	Liebe Kopfstübner	betrieb.) ꝛc.	
	22	Uebergangsstelle	Buttlar.	37	Dotter	Uebergangsstellen-verwalter.	
	23	Uebergangsstelle	Gerstungen.	38	Gräf	Uebergangsstelle-verwalter.	Rechnungs-Amtmann.
				39	Schmidt Köhler	Assistent.	
	24	Steueramt	Weida.	40	Sprenger Kohne	Rendant.	....
	25	Steueramt.	Neustadt a. O.	41	Krauße	Rendant.	....
	26	Steuerreceptur	Auma.	42	Hohne Seydel	Recepturverwalter.	
	27	Steuerreceptur	Berga.	43	Alander	Recepturverwalter.	....
	28	Steuerreceptur	Ronba.	44	Mirus	Recepturverwalter.	
	29	Steuerreceptur	Ilmenau.	45	Heiligenstein Keim	Recepturverwalter.	
	30	Steuerreceptur	Kaltennordheim.	46	Bengel Müller	Recepturverwalter.	Rechnungs-Amtmann.
				47	Hoch Jäger Alaß	Assistent.	
	31	Uebergangsstelle	Meipers.	48	Baumgarten Meyer	Uebergangsstelle-verwalter.	....
Sachsen-Meiningen.	32	Steueramt	Meiningen.	49	Ubesser	Rendant.	Amtsrath.
				50	Koch	Assistent.	
				51	Müller	Assistent.	
	33	Steueramt	Salzungen.	52	Köhler	Oberbeamter.	Amtsverwalter u. Rath.
				53	Herrburg	Assistent.	
	34	Steuerstelle	Liebenstein.	54	Haublein	Amtsassistent.	Hofcommissair.

	Für die Gemeinschaft fungirende Steueraufsichtsbeamte.							Obercontrole-Bezirk.
	Obersteuercontroleure.			Berittene Steueraufseher.		Unberittene Steueraufseher und Verwiegungsbeamte.		
No.	Namen.	Prädicat rc.	Stationsort.	No.	Namen.	Stationsort.	No.	Namen.	Stationsort.	
7.	8.	9.	10.	11.	12.	13.	14.
5	Bezold	*Kreis...*	Eisenach.	10	*Dittmar*	Eisenach.	15	*Schuchardt*	Eisenach.	
	. . . . .	. . . . .	. . . . .		*Rebs*	*Gotha*	16	*......*	Vacha.	
	. . . . .	. . . . .	. . . . .		. . . . .	. . . . .	17	*......*	Vacha.	Eisenach.
	. . . . .	. . . . .	. . . . .		. . . . .	. . . . .	18	*......*	Berka a. W.	
	. . . . .	. . . . .	. . . . .		. . . . .	. . . . .	19	*......*	*......*	
	. . . . .	. . . . .	. . . . .		. . . . .	. . . . .	20	*...Kräuter*	Geisa.	
	. . . . .	. . . . .	. . . . .		. . . . .	. . . . .	21	*Träger*	*......*	
6	*Nies...*	. . . . .	Weida.	11	*Wolle...*	Weida.				
	. . . . .	. . . . .	. . . . .	12	*......*	Neustadt a. O.				
	. . . . .	. . . . .	. . . . .	13	*Breit...*	Auma				Weida.
	. . . . .	. . . . .	. . . . .				22	*......*	Berga.	
	. . . . .	. . . . .	. . . . .				23	Neufezahl	Kemda.	Rudolstadt.
	. . . . .	. . . . .	. . . . .				24	*......*	Ilmenau.	Neustadt.
	. . . . .	. . . . .	. . . . .	14	*......*	Kaltennord-heim.				
7	Garb	Oberlieutenant	Meiningen.	15	*Schmidt*	Meiningen	25	Schmidt II	Meiningen.	
	. . . . .	. . . . .	. . . . .				26	*......*	Meiningen.	
	. . . . .	. . . . .	. . . . .				27	*......*	Obermaßfeld.	
	. . . . .	. . . . .	. . . . .				28	*......*	Walldorf.	
	. . . . .	. . . . .	. . . . .				29	*......*	Wasungen.	Meiningen.
	. . . . .	. . . . .	. . . . .				30	*......*	Henneberg.	
	. . . . .	. . . . .	. . . . .				31	*......*	Oberkatz.	
	. . . . .	. . . . .	. . . . .	16	*Heß*	Salzungen.	32	*......*	Immelborn.	
	. . . . .	. . . . .	. . . . .				33	Kußer	Roßdorf.	
	. . . . .	. . . . .	. . . . .				34	*......*	Frauenbreitungen.	
	. . . . .	. . . . .	. . . . .				35	*......*	Schm...	
	. . . . .	. . . . .	. . . . .					*......*	*Liebenstein.*	

Vereinsland.	№	Bezeichnung der Steuerstellen.	Sitz der Steuerstellen.	№	Die Beamten, welche bei den Steuerstellen (* nur stellvertretend) fungiren, Namen.	Dienstcharakter.	Prädicat ꝛc. ꝛc.
1.		2.	3.		4.	5.	6.
Ferner Sachsen-Meiningen	35	Steueramt	Hildburghausen.	55	Klug	Oberbeamter.	Amtsverwalter.
				56	Frech	Amtsassistent.	
				57	* Groß	Amtsassistent.	
				58	* Heilingloh	Amtsassistent.	
	36	Steueramt	Sonneberg.	59	Linder	Oberbeamter.	Amtsverwalter.
				60	Ley	Amtsassistent.	
				61	* Kraemlein	Amtsassistent.	
	37	Steueramt	Römhild.	62	Fehringer	Oberbeamter.	Amtsverwalter.
				63	Johannes	Amtsassistent.	
				64	* Frey	Assistent.	
	38	Steueramt	Eisfeld.	65	Kempf	Oberbeamter.	Amtsverwalter
				66	Braun	Amtsassistent.	
	39	Steueramt	Heldburg.	67	Köhler	Oberbeamter.	Amtsverwalter.
				68	Göbel	Assistent.	
	40	Steueramt	Saalfeld.	69	Bartenstein	Oberbeamter.	Amtsverwalter.
				70	Linder	Amtsassistent.	
				71	*	Assistent.	
	41	Steueramt	Gräfenthal.	72	Unger	Oberbeamter.	Amtsverwalter.
				73	Dietsch	Assistent.	
	42	Steueramt	Pössneck.	74	Schmidt	Amtsassistent.	
				75	Jahnis	Revisionsbeamter.	Amtsrechnungs-revisor.
	43	Uebergangsstelle	Lehesten.	76	Bonner	Uebergangsstellen-verwalter.	Postexpeditor.
				77	* Thomä.		Lehrer.
	44	Uebergangsstelle	Probstzella.	78	Bardieu	Uebergangsstellen-verwalter.	Schultheiß
				79	* Bardieu jun.		
	45	Steueramt	Camburg.	80	Sommer	Oberbeamter.	Amtsverwalter.
				81		Amtsassistent.	
	46	Steueramt	Kranichfeld.	82	Schaller	Oberbeamter.	Amtsverwalter.
				83	*	Secretär.	

	Für die Gemeinschaft fungirende Steueraufsichtsbeamte.							Obercontrole- Bezirk.
Oberstenercontroleure.			Berittene Steueraufseher.		Unberittene Steueraufseher und Verwiegungsbeamte.			
№	Namen.	Prädicat ꝛc.	Stationsort.	№	Namen.	Stationsort.	№	Namen.	Stationsort.	
7.		8.	9.		10.	11.		12.	13.	14.
8	Luther	Ober-Lieutenant.	Hildburg-hausen.	17	Witter	Hildburg-hausen.	36		Hildburghausen.	
							37		Streufdorf.	
							38		Themar.	
				18		Sonneberg.	39		Schallau.	
							40			
							41		Sonneberg.	
							42		Neuhaus.	
							43		Steinach.	
							44		Heinersdorf.	Hildburg-hausen.
							45	Schulz	Römhild.	
							46		Behrungen.	
							47	Stang	Eicha.	
							48		Eisfeld.	
							49		Oberneubrunn.	
							50		Heubach.	
							51	Jung	Heldburg.	
9	Ludwig	Hauptmann	Saalfeld.	19		Saalfeld.	52		Saalfeld.	
							53		Unterwellenborn.	
							54		Arnsgereuth.	
							55		Gräfenthal.	
							56			Saalfeld.
							57	Zielfelder	Pösneck.	
							58		Lehesten.	
				20	Kaiser	Camburg.	59		Siegla.	
							60	* Friedrich	Tümpling.	Jena.
							61	* Eckert	Tümpling.	
							62	* Keller	Tümpling.	
							63	Elod	Kranichfeld.	Weimar.

Vereinsland.		Bezeichnung der Steuerstellen.	Sitz der Steuerstellen.		Der Beamten, welche bei den Steuerstellen (* nur stellvertretend) fungiren,		
	№.			№.	Namen.	Dienstcharakter.	Prädicat ꝛc. ꝛc.
1.		2.	3.		4.	5.	6.
Sachsen-Altenburg.	47	Hauptsteueramt	Altenburg.	84	Dietrich	Obersteuerinspektor.	
				85	Ulrich	Hauptsteueramts-Rendant.	
				86	Filscher	Hauptsteueramts-Controleur.	
				87		Hauptsteueramts-Assistent.	Obercontroleur.
				88	Gerpa	Hauptsteueramts-Assistent.	
	47a	mit Zollabfertigungsstelle am Bahnhofe	Altenburg.	89	Hartung	Hauptsteueramts-Assistent.	Obercontroleur.
	48	Steuer- u. Rentamt	Ronneburg.	90	Reuter	Finanzcassirer.	
				91	Gundermann	Finanzcontroleur.	....
	49	Steuer- u. Rentamt	Schmölln.	92		Finanzcassirer.	
				93		Finanzcontroleur.	
	50	Steuer- u. Rentamt	Luda.	94	Meyer	Steuereinnehmer.	
	51	Steuer- u. Rentamt	Roda.	95	Hermann	Finanzcassirer.	
				96		Finanzcontroleur.	Dr. juris.
	52	Steuer- u. Rentamt	Eisenberg.	97		Finanzcassirer.	Rechnungsrath.
				98	Umbreit	Finanzcontroleur.	Rechnungsrath.
	53	Steuer- u. Rentamt	Kahla.	99	Vater	Finanzcassirer.	Rechnungsrath.
				100	Cramer	Finanzcontroleur.	
Sachsen-Coburg-Gotha.	54	Hauptsteueramt	Coburg.	101		Obersteuerinspector.	Steuerrath.
				102	Kriegel	Hauptsteueramts-Rendant.	
				103		Hauptsteueramts-Controleur.	
				104	Müller	Hauptsteueramts-Kommissair.	
	55	Uebergangssteueramt	Lichtenfels.	105	Hartmann	Rendant.	
				106	von	Controleur.	
	56	Steuerstelle!	Neustadt a. H.	107		Steuerstellenverwalter.	

Für die Gemeinschaft fungirende Steueraufsichtsbeamte.								
Obersteuercontroleure.			Berittene Steueraufseher.		Unberittene Steueraufseher und Verwiegungsbeamte.			Obercontrole Bezirk.
No.	Namen.	Prädikat ıc. Stationsort.	No.	Namen.	Stationsort.	No.	Namen.	Stationsort.	
7.	8.	9.	10.	11.		13.		14.
10	Wagner	Altenburg.				64	*[illegible]*	Altenburg.	*[illegible]*
						65	*[illegible]*	Altenburg.	
						66	*[illegible]*	Altenburg.	
						67	*[illegible]*	Gößnitz.	
									Altenburg.
						68	*[illegible]*	Ronneburg.	
						69	*[illegible]*	Ronneburg.	
						70	*[illegible]*	Schmölln.	
						71	*[illegible]*	Luda.	
11	Hartmann	Roda.				72	Schmidt	Roda.	
						73	*[illegible]*	Roda.	
						74	*[illegible]*	Eisenberg.	Roda.
						75	*[illegible]*	Kahla.	
						76	*[illegible]*	Uhlstedt.	
12	*)	Coburg.				77	*[illegible]*	Coburg.	
						78	Prötz II	Coburg.	
									Coburg.

*) Die Geschäfte des Bezirksobercontroleurs werden von dem rangen *[illegible]* besorgt.

49

Vereinsland.	Bezeichnung der Steuerstellen.		Siz der Steuerstellen.	Die Beamten, welche bei den Steuerstellen (° nur stellvertretend) fungiren,			
	№			№	Namen.	Dienstcharakter.	Prädicat ꝛc. ꝛc.
1.	2.		3.	4.		5.	6.
Ferner Sachsen Coburg-Gotha.	57	Hauptsteueramt	Gotha.	108	von Schauroth	Obersteuerinspector.	Steuerrath.
				109		Hauptsteueramts-Rendant.	Kasserath.
				110		Hauptsteueramts-Controleur.	
				111		Hauptsteueramts-Assistent.	
	58	Steueramt		112		Oberbeamter.	Rentamtmann u. Commissionsrath.
				113	Köhner	Rendant.	Rentamts-Commissair.
	59	Steueramt	Ohrdruf.	114		Oberbeamter.	Rentamtmann.
				115	Rahn	Rendant.	Rentamtmann.
	60	Steueramt	Tenneberg.	116	Brückner	Oberbeamter.	Rentamtmann.
				117		Rendant.	Rentamtmann.
	61	Steueramt		118	Otto	Oberbeamter.	Rentamtmann.
	62	Steueramt		119	Wiegandt	Oberbeamter. Rendant	Rentamtmann.
	63	Steueramt	Jena.	120		Oberbeamter.	Rentamtmann.
				121	Lobberg	Rendant.	
	64	Steueramt	Ichtershausen.	122		Oberbeamter.	Rentamtmann.
				123	Koch	Rendant.	
Schwarzburg-Sondershausen.	65	Steueramt	Arnstadt.	124	Rumpenhans	Rendant.	
				125	Sprengdfeil	Kassencontroleur.	
				126	Wabst		
	66	Steuerreceptur	Gehren.	127		Rendant.	
				128		Kassencontroleur.	
Schwarzburg-Rudolstadt.	67	Steueramt	Rudolstadt.	129		Oberbeamter.	Rentamtmann.
				130		Kassenrendant.	
				131	Rösner	Assistent.	
				132		Assistent.	
	68	Steueramt	Königsee.	133	Meyer	Oberbeamter.	Rentamtmann.
				134		Assistent.	
				135	Hangeröther	Assistent.	

Für die Gemeinschaft fungirende Steueraufsichtsbeamte.							
Obersteuercontroleure.			Berittene Steueraufseher.		Unberittene Steueraufseher und Verwiegungsbeamte.		Obercontrole-Bezirk.
№	Namen.	Prädicat u. Stationsort.	№	Namen.	Stationsort.	№	Namen.	Stationsort.	
7.	8.	9.	10.	11.	12.	13.	14.
13 *	. . . . .	Gotha.	21 *Rehbein* *von Gierschau*	Gotha.	79 Popp	Gotha.	
					80 " Rauch	Gotha.	
					81 " *Brombrich*	Gotha.	
					82 " Metz	Gotha	
					83 *Sandach*	Liebenstein.	
							Gotha.
					84 *Heinz Schilling*	Ohrdruf.	
					85 Kahlert	Waltershausen.	
					86 *Dahm*	Georgenthal.	
					87 Ablung	Tonna.	
							Suhl.
					88 *Ludwig Funk*	Ichtershausen.	
11 Berger	. . . .	Arnstadt.			89 Leßner *f.*	Arnstadt.	
							Arnstadt.
					90 *Georg Unger*	Gehren.	
5 ** . . .	. . . . .	Rudolstadt.		. . . .	91 Palbig	Rudolstadt.	
					Schilling	*Königsee*	Rudolstadt.
	. . . .		22 *Schilling*	*Königsee*	*Ruest*	*bei Cumbach*	

* Die Geschäfte des Bezirksobercontroleurs werden von dem hiesigen Hauptsteueramtsvorstande mit versehen.

**) Desgl. vom hiesigen Steueramtsvorstande.

Vereinsland.	№	Bezeichnung der Steuerstellen.	Sitz der Steuerstellen.	№	Namen.	Dienstcharakter.	Prädicat rc. rc.
1.		2.	3.		4.	5.	6.
Ferner Schwarzburg-Rudolstadt	69	Steueramt	Stadtilm.	136	Baumgarten	Oberbeamter.	Rentamtmann.
				137	Wiß	Assistent, Kandidat	
				138	* Holzbeu	Amtskopist.	
	70	Steueramt	Leutenberg.	139	Kriewastter	Oberbeamter.	Rentamtmann
				140	Truppel	Assistent, Kandidat	
Reuß, ältere Linie	71	Steueramt	Greiz.	141	Wany	Rendant.	. . .
				142	Schneider, Röst	Assistent.	
				143	Schmidt	Kreuffel, resident.	
	72	Steueramt	Zeulenroda.	144	Werner, Schneider Elise	Rendant.	
	73	Steuerreceptur	Burgk.	145	Seupel Frözel	Recepturverwalter.	
Reuß, jüng. Linie.	74	Steueramt	Schleiz.	146	Zischak	Rendant.	. . . . .
				147	Tenzler	Assistent	
	75	Steueramt	Lobenstein.	148	Neumann Gärtner	Rendant.	. . . . .
				149	Korn	Assistent.	
	76	Steueramt	Hirschberg.	150	Otto Seydewiß	Rendant.	Bürgermeister.
				151	Enckert	Steueramtsgehülfe.	
	77	Steuerreceptur	Saalburg.	152	Mehlborn	Recepturverwalter.	Rendant.
	78	Steueramt	Gera.	153	Lippmann	Rendant	
				154	Stölzer	Assistent	
Bayern, wegen Caulsdorf.	79	Hebstelle	Caulsdorf.	155	Pländner	Einneh.	. . . .

	Für die Gemeinschaft fungirende Steueraufsichtsbeamte.							Obercontrole-
	Oberstru.controleure.			Berittene Steueraufseher.		Unberittene Steueraufseher und Verwiegungsbeamte.		Bezirk.
№	Namen.	Prädicat ꝛc..	Stationsort.	№ Namen.	Stationsort.	№ Namen.	Stationsort.	
	7.	8.	9..	10.	11.	12.	13.	14.
						92 Sauerbrei	Stadtilm.	Rudolstadt.
						93 Trutschel	Leutenberg.	Saalfeld.
						94 ~~Wiese~~ ...	Greiz.	
						95 Braun ...	Greiz. Greiz.	
						96 ~~Stutter~~ ...	Zeulenroda.	
						97 ~~Herr~~ ...	Burgk.	
	Engelhardt *Hauptaufseher*					~~Kranz~~ ... *schloss*		
16 ~~von Rutschen~~ ~~bach~~		Zollrath	Schlitz	23 Berg	Schlitz	98 ~~Engelbach~~ ...	Schlitz.	Schlitz.
						99 ~~Wiedemann~~	Lobenstein.	
						100 ~~Zschild~~ ...	Lobenstein.	
						101 Durk	Hirschberg.	
	Angermann					102 ~~Stöhr~~	Saalburg.	
17 ~~Thamreuth~~		Zollrath	Gera.			103 ~~Rupp~~	Gera.	Gera.
						104 ~~Müller~~	Gera.	
		—				105 ~~Rami~~ ...	Gera.	
						106 Ordomeundir	Jena	Saalbad
						Germann *Richter*	*Jena* *Jena*	
						Sohr ...	*Jena*	

B.
Salinebehörden und Salineaufsichtsbeamte.

Vereinsland.		Bezeichnung der Behörde.	Sitz der Behörde.		Name der Beamten.	Dienstcharakter der Beamten.
1.	№	2.	3.	№	4.	5.
Preußen.	1	Salzwerks-Inspektion	Erfurt.	1 2	von Gottern Damm	Berghspektor. Magazinaufseher.
Sachsen-Weimar.	2	Salinecontrole	Louisenhalle bei Stotternheim.	3 4	Schenk Springer	Salinecontroleur. Salineaufseher.
Sachsen-Meiningen.	3 4	Salinecontrole Salinecontrole	Oberneusulza bei Stadtsulza. Salzungen.	5 6 7 8 9	Clauß Engel Trinks Schlegel Langguth	Salinecontroleur. Controlegehülfe. Controlegehülfe.
Sachsen-Gotha.	5 6	Salinecontrole Salinecontrole	Friedrichshalle Ernsthalle bei Bufleben.	10 11 12	Koch Heimberger Heimberger	Controlebeamter. Salinecontroleur. Controleassistent.
Schwarzburg-Sondershausen.	7	Salinecontrole	Arnshalle bei Arnstadt.	13	Dölle	Salinecontroleur.
Reuß, jüng. Linie.	8	Salinecontrole	Heinrichshalle bei Köstriz.	14 15 16	Walter Langenberger Joß	Salinecontroleur.

Amtsblatt

des
General-Inspectors
des Thüringischen Zoll- und Handels-Vereins.

5tes Stück vom Jahre 1864.

№ 24. Circularverfügung,

die Ausfertigung von Begleitscheinen II. bei dem zollvereinsländischen Hauptzollamte zu Bremen betreffend,

vom 30. Juni 1864. Nr. 3781.

Den zur Erledigung von Begleitscheinen II. befugten Steuerstellen wird hiermit zur Nachricht eröffnet, daß dem zollvereinsländischen Hauptzollamte zu Bremen
nachgelassen worden ist, künftig auch zur Ausfertigung von Begleitscheinen II. Zolldecla-
rationen, Niederlage-Abmeldungen u. s. w., welche zu diesem Zwecke mit dem erforderlichen Vordrucke versehen sind, zu benutzen.

(Couf. Circul. vom 19. Februar c. № 1189 sub 2. alio. 2.,
Amtsblatt S. 10 und S. 17 ff.)

Erfurt, den 30. Juni 1864.

Der General-Inspector
des Thüringischen Zoll- und Handels-Vereins.
Wendt.

An alle zur Ausfertigung oder Erledigung
von Begleitscheinen befugte Steuerstellen und
an die Obercontroleure
excl. derjenigen zu Erfurt.

№ 3781.

№ 25. Bekanntmachung,

betreffend die Umwandlung des Nebenzollamts II. in Jägerndorf in ein Nebenzollamt I.
und des Nebenzollamts I. zu Troplowitz in ein Nebenzollamt II.,

vom 19. Juli 1864. Nr. 4248.

In Folge der durch die Eröffnung der Kunststraße von Leobschütz in der
königl. Preuß. Provinz Schlesien nach Jägerndorf in Oesterreichisch-Schlesien her-

beigeführten Aenderung des Verkehrs wird vom 1. k. Mts. ab das Königlich Preuß. Nebenzollamt II. zu Jägerndorf (Hauptamtsbezirk Ratibor) in ein Nebenzollamt I. und das Königlich Preußische Nebenzollamt I. zu Troplowitz (Hauptamtsbezirk Ratibor) in ein Nebenzollamt II. umgewandelt werden.

Das Verzeichniß der im Zollvereine bestehenden Steuerstellen ist hiernach zu berichtigen.

Erfurt, den 19. Juli 1864.

.№ 1249.

Der General-Inspector
des Thüringischen Zoll- und Handels-Vereins.
Wendt.

№ 26. Bekanntmachung,

betreffend die Befugniß der Königlich Württembergischen Nebenzollämter I. zu Reutlingen und Ravensburg,

vom 28. Juli 1864. № 4348.

Den Königlich Württembergischen Nebenzollämtern I. mit bedingtem Niederlagerecht zu Reutlingen und zu Ravensburg, welche mit den dortigen Bahnhöfen durch ein Schienengeleise in Verbindung stehen, ist die Befugniß zur Abfertigung von Begleitscheingütern unter Eisenbahnwagenverschluß auf Grund des §. 26 des vereinbarten Regulativs über die Behandlung des Güter- und Effektentransports auf den Eisenbahnen in Bezug auf das Zollwesen ertheilt worden.

Das betreffende Verzeichniß ist hiernach zu ergänzen.

Erfurt, den 28. Juli 1864.

.№ 1345.

Der General-Inspector
des Thüringischen Zoll- und Handels-Vereins.
Wendt.

№ 27. Bekanntmachung,

betreffend die zollgesetzliche Verfolgung von Vergehen wider die Uebergangssteuer-Gesetzgebung bei dem Herzoglich Sächsischen Uebergangssteueramte zu Lichtenfels,

vom 6. August 1864. Nr. 4602.

Mit Genehmigung des Herzoglichen Staats-Ministeriums zu Gotha wird nachstehende

„Instruction

die zollstrafgesetzliche Verfolgung der Uebertretungen des Herzoglich Sächsischen Uebergangssteuergesetzes bei dem in Lichtenfels errichteten Herzoglich Sächsischen Uebergangssteueramte betreffend.

In Gemäßheit der Bestimmungen in §. 1 und 2 der Verordnung, die Anwendung des Uebergangssteuergesetzes und verschiedener zollgesetzlichen Bestimmungen,

56

insonderheit des Zollgesetzes, der Zollordnung und des Zollstrafgesetzes bei dem Herzoglich Sächsischen Uebergangssteueramte in Lichtenfels betreffend vom 16. Februar 1863 .Ab 128 der gemeinschaftlichen Gesetzgebung für die Herzogthümer Coburg und Gotha beschränkt sich die Zuständigkeit der Königlich Bayerischen Gerichte zur strafgesetzlichen Verfolgung der Uebertretungen des Herzoglichen Uebergangssteuergesetzes bei dem in der Stadt Lichtenfels auf dem Eisenbahnhofe errichteten Herzoglich Sächsischen Uebergangssteueramte auf diejenigen Fälle, in welchen ein Angehöriger des Königreiches Bayern oder ein sich auf Königlich Bayerischem Gebiete aufhaltender Fremder, dessen Auslieferung nicht nach Artikel 7 des Zollkartels vom 11. Mai 1833 verlangt wurde, einer Uebertretung des Herzoglich Sächsischen Uebergangssteuergesetzes sich schuldig gemacht hat. Dagegen bleiben alle übrigen derartigen zollstrafgesetzlichen Verfolgungen, insonderheit die gegen die Lichtenfels-Werra-Eisenbahnbeamten, dann gegen contravenirende Angehörige der Thüringischen Vereinsstaaten und die auf deren Gebiet sich aufhaltenden Fremden unter nachstehenden Beschränkungen und Vorbehalten den Herzoglichen Zoll- und Steuerbehörden, bezüglich Gerichten überlassen:

1) die Königlich Bayerischen Gerichte haben sich in allen vorbezeichneten Fällen einer Einschreitung aus eigener Competenz zu enthalten, und deren Thätigkeit beschränkt sich auf die Vornahme derjenigen Handlungen, welche ihnen im Wege der Requisition von den Herzoglich Sächsischen Steuer- oder Gerichtsbehörden angesonnen werden.

2) Den Herzoglich Sächsischen Beamten in Lichtenfels steht bei Entdeckung der zur Zuständigkeit der Herzoglich Sächsischen Behörden gehörenden Uebertretungen der erste Angriff und die vorläufige Feststellung des Thatbestandes zu.

Zur weiteren Behandlung und Aburtheilung dieser Uebertretungen sind, sofern die Untersuchung im Verwaltungswege geführt wird, die Herzoglichen Zoll- und Steuerbehörden, und soweit es sich um eine gerichtliche Untersuchung und Vorbescheidung handelt, die Herzoglichen Gerichte zuständig.

Als Gerichtsstand des Wohnorts für die in Lichtenfels stationirten Beamten der Lichtenfels-Werra-Eisenbahn ist das Herzogliche Hauptsteueramt zu Coburg und bezüglich das Herzogliche Justizamt oder das Herzogliche Kreisgericht zu Coburg anzusehen.

Bei den genannten Herzoglichen Behörden ist in allen zur Zuständigkeit der Sächsischen Gerichte gehörenden Uebertretungen der Gerichtsstand des Vergehens begründet.

3) Dem Herzoglichen Uebergangssteueramte zu Lichtenfels und dem Herzoglichen Sächsischen Hauptsteueramte zu Coburg steht unbeschadet der der Königlich Bayerischen Regierung nach Art. 10 und 11 des Zollkartels vom 11. Mai 1833 auf die confiscirten Gegenstände oder deren Erlös eventuell zustehende Rechte die Befugniß zu:

a) die in Beschlag genommenen Gegenstände des Vergehens, wenn es die Untersuchungszwecke erfordern, nach Coburg zu schaffen und

b) so lange die Untersuchung im Verwaltungswege geführt wird, erforderlichen Falles die in Lichtenfels stationirten Beamten der Lichtenfels-Werra-Eisenbahn abzuhören und abhören zu lassen.

Dagegen haben sich die Herzoglichen Steuer- und Gerichtsbehörden der Vornahme aller anderen jurisdictionellen Akte, als der ebenbezeichneten, auf Bayerischem Gebiete vollständig zu enthalten, als z. B. Haussuchungen anzustellen, Verhaftungen auszuführen, Zeugen vorzuladen und abzuhören und dergleichen.

Alte dieser Art können nur durch Bayerische Gerichte auf Requisition der Herzoglichen Zoll- und Steuer- und bezüglich Gerichtsbehörden in's Werk gesetzt werden.

4) Im Uebrigen finden auf solche Verfolgungen die Bestimmungen in Artikel 3—11 des allgemeinen Zollkartels vom 11. Mai 1833 gleichmäßige Anwendung.

Gotha, am 16. Juli 1864.

Herzoglich Sächsisches Staats-Ministerium.

(gez.) v. Seebach.„

mit dem Bemerken veröffentlicht, daß Seitens des Königlich Bayerischen Staats-Ministeriums der Justiz eine übereinstimmende Verfügung d. d. München, den 15. Juli c. an die betreffenden jenseitigen Justizbehörden erlassen worden ist.

Erfurt, am 6. August 1864.

Der General-Inspector
des Thüringischen Zoll- und Handels-Vereins.

№ 1602.

Wendt.

Personalveränderungen.

1.) **Sachsen-Weimar:** Der Uebergangsstellverwalter Baumgarten in Melpers wurde zum Salinecontroleur in Kuntzenhalle vom 1. October d. J. an, zum Uebergangssteller-verwalter in Melpers aber von gleichem Zeitpunkt ab der Steueraufseher Träger zu Buttlar ernannt.

(Ministerial-Erlaß d. d. Weimar, den 26. Juli 1864.)

2.) **Sachsen-Meiningen:** Der bediente Steueraufseher Gögel in Sonneberg ist vom 1. Octbr. d. J. an in den Ruhestand versetzt worden.

(Ministerial-Erlaß d. d. Meiningen, den 24. Juli d. J.)

Der Steueraufseher Börner in Düsseldorf wurde bei gleichzeitiger Verlegung der Aufsichtsstation, nach Reichmannsdorf versetzt.

(Ministerial-Erlaß d. d. Meiningen, den 30. Juli d. J.)

3.) **Sachsen-Coburg-Gotha:** Der Oberbeamte des Herzoglichen Steueramts zu Liebenstein, Commissionsrath Tittel ist vom 1. August c. an zur Disposition gestellt, die Verwaltung des Herzoglichen Steueramts aber dem Finanzsecretair Werner in Gotha übertragen worden; imgleichen ist von demselben Zeitpunkt ab, an Stelle des zum Rendanten bei der herzoglichen Landescredit- und Ablösungskasse in Gotha ernannten Rentamtmanns Burkas, der Rentamtscommissair Gutjahr in Liebenstein unter Uebertragung der Functionen als Oberbeamter, an das Herzogliche Steueramt zu Jella versetzt worden.

(Ministerial-Erlaß d. d. Gotha, den 29. Juni d. J.)

4.) **Reuß j. L.:** Der Salinecontroleur Waldin zu Heinrichshalle hat mit der von ihm nachgesuchten landesherrlichen Genehmigung seine Stelle am 8. August d. J. niedergelegt.

(Ministerial-Erlaß d. d. Gera, den 6. Juni d. J.)

Gedruckt bei Ludwig Schellenberg in Cassel.

Amtsblatt

des
General-Inspectors
des Thüringischen Zoll- und Handels-Vereins.

6tes Stück vom Jahre 1864.

№ 28. Circularverfügung,
die Tarifirung von Kupferdraht mit Gummielasticum ꝛc. überzogen ꝛc. betreffend, vom 16. August 1864. Nr. 4751.

Nachdem sämmtliche Zollvereinsregierungen übereingekommen sind, „Kupferdrähte mit Gummielasticum oder Guttapercha überzogen, umwickelt, umsponnen oder umflochten, gleich dem gewöhnlichen Kupferdraht dem Zollsatze von 6 ℜ nach **Pos. 11. 19. a.** des Tarifs vom 1. August b. J. ab zuzuweisen," so wird dieß den betreffenden Abfertigungsstellen zur Beachtung und zur Nachtragung im amtlichen Waarenverzeichnisse zum Zolltarife bekannt gegeben.

Dafern inzwischen Verzollungen des genannten Waarenartikels nach einem höheren Tariffatze vorgekommen sein sollten, wird besonderer berichtlicher Anzeige entgegen gesehen.

Erfurt, den 16. August 1864.

Der General-Inspector
des Thüringischen Zoll- und Handels-Vereins.
In Vertretung:
Der Oberregierungsrath
Schred.

An sämmtliche mit Postabfertigungsbefugniß
versehene Steuerstellen und sämmtliche Obersteuercontroleure excl. Erfurt. Nr. 4751.

№ 29. Bekanntmachung,
betreffend die Errichtung einer besonderen Zollabfertigungsstelle am rechten Elbufer in Neustadt-Dresden vom 18. August 1864. Nr. 4858.

Königlich Sächsischer Seits ist eine besondere Zollabfertigungsstelle am rechten Elbufer in Neustadt-Dresden, als Dependenz des dortigen Hauptsteueramtes, mit

unbeschränkter Begleitscheinbefugniß für die auf der Leipzig-Dresdener und Sächsisch-
Schlesischen Staatseisenbahn dort anlangenden zollpflichtigen Güter errichtet worden,
welche mit dem 1. künftigen Monats eröffnet werden wird und welcher die fraglichen
Güter dann zur Abfertigung gestellt werden sollen, wenn die Adresse einfach auf
„Dresden“ lautet und die Verladung nicht nach einer der beiden andern, in dem
Frachtbriefe ausdrücklich anzugebenden Abfertigungsstellen am Packhofe und am
Sächsisch-Böhmischen Staatseisenbahnhofe erfolgt ist.

Das Verzeichniß der im Zollvereine bestehenden Steuerstellen ꝛc. nebst Beilage
ist hiernach zu ergänzen.

Erfurt, den 18. August 1864.

Der General-Inspector
des Thüringischen Zoll- und Handels-Vereins.

In Vertretung:

№ 1858.

Der Oberregierungsrath
Schreck.

№ 30. Ministerialbekanntmachung

d. d. Berlin, 9. August 1864,

**das Verbot der Ausfuhr von Waffen und Munitionsgegenständen über die
Preußische Grenze nach Galizien betreffend.**

Bekanntmachung.

Auf Grund des §. 3. des Zollgesetzes vom 23. Januar 1838 (Gesetzsammlung
S. 34.) und in Folge besonderer Allerhöchster Ermächtigung Sr. Majestät des Königs
vom 1. d. Mts. wird hiermit bis auf Weiteres und vorläufig bis zum 1. Januar
1865 die Ausfuhr von Waffen und Munitionsgegenständen über die Preußische
Grenze nach Galizien unter Hinweisung auf die in den §§. 1 und folgende des Zollstrafgesetzes vom 23. Januar 1838 (Gesetzsammlung S. 78) angedrohten Strafen
verboten.

Berlin, den 9. August 1864.

Der Finanzminister.

Im Auftrage:

Henning.

Abschrift des vorstehenden Rescripts und der darin angezogenen Bekanntmachung,
das Verbot der Ausfuhr von Waffen und Munitionsgegenständen über die Preußische
Grenze nach Galizien betreffend, erhält das Königl. Hauptsteueramt zur Nachachtung
und Instruirung der Unterämter.

Erfurt, den 15. August 1864.

Der Königliche Geheime Oberfinanzrath.

In Vertretung:

Der Oberregierungsrath
Schreck.

An das Königliche Hauptsteueramt hier.
№ 519 Pr. W.

Nr. 4904.

60

№ 31. **Bekanntmachung,**
betreffend die Ausstellung religiöser Kunstgegenstände in Mecheln,
vom 9. September 1864. Nr. 5244.

Unter Verweisung auf die an einzelne Steuerstellen bereits ergangenen Verfügungen und auf die an andere durch die Bezirksobercontroleure gelangten vorläufigen Benachrichtigungen mache ich hiermit den Beamten meines Ressorts noch durch das Amtsblatt bekannt, daß in Mecheln eine Ausstellung religiöser Kunstgegenstände stattfinden wird.

Um den vereinsländischen Künstlern die Betheiligung an dieser Ausstellung zu erleichtern, soll für diejenigen Gegenstände, welche zur Ausstellung gesandt werden, beim Wiedereingange die Zollfreiheit zugestanden werden.

Die Betheiligten haben zu dem Ende die zu versendenden Gegenstände der Steuerstelle des Versendungsortes vorzuführen, welche dieselben auf Grund specieller Revision und Verzeichnung, und, soweit thunlich, unter Anlegung eines Bleies oder Siegels zum Ausgange abfertigt. Die Abfertigung zum Wiedereingange muß seiner Zeit bei derselben Steuerstelle erfolgen. (Vergl. im Uebrigen die einschlägigen Bestimmungen der Circular-Verfügung vom 2 März 1858. Nr. 1262.)

Erfurt, den 9. September 1864.

Der General-Inspector
des Thüringischen Zoll- und Handels-Vereins.
In Vertretung:
Der Oberregierungsrath
№ 5241. Schreck.

————

№ 32. **Circularverfügung,**
Tarifentscheidungen betreffend,
vom 23. August 1864. Nr. 4948.

Nachstehende Sammlung von Tarifentscheidungen hat bei vorkommenden Abfertigungen zur Beachtung zu dienen, und ist deshalb im amtlichen Waarenverzeichnisse zum Vereinszolltarife das Nöthige zu notiren.

1. Dachpappe. Die Verzollung von Dachpappe — der aus Papiermasse bestehenden bereits fertigen Tafeln, die in siedendes Pech gesteckt werden, und nachdem sie getrocknet und mit Sand bestreut worden, ihrer Verwendung als sogenannte Dachpappe entgegensehen, hat nach
pos. II. 37.
des Vereinszolltarifs zu erfolgen.

2. Gelochtes (mit Löchern versehenes) Eisenblech von wellenförmiger Form ist anderwärts gleich den gelochten Eisenplatten (vergl. Circularverfügung vom 31. December 1853. Nr. 6512 sub II. 1. b.) nach
pos. II. 6. f 2.
des Vereinszolltarifs verzollt worden, da es zur sofortigen Verwendung geeignet und mithin nicht mehr als bloßes Material (Weißblech) anzusehen ist.

3. Kupfer, welches auf einer Seite mit Silber belegt, durch Walzen bis zur Stärke eines dünnen Schreibpapieres ausgedehnt ist, sich in der Hand dem sogenannten Knistergolde gleich anfühlt und diesem gleich sich bewegen läßt, ist als „versilberte Kupferfolie" zur

pos. II. 20. des Vereinszolltarifs à 100 ℳ

zu rechnen.

4. Gurte aus Jutegespinnst sind gleich denen aus Hanf mit der allgemeinen Eingangsabgabe

zu belegen.

5. Lederwaaren (z. B. die zum Anknüpfen an das Beinkleid bestimmten Theile eines Hosenträgers), aus lohgarem und sämischgarem Leder zu gleichen Theilen zusammengesetzt, gehören zur

pos. II. 21. d. des Vereinszolltarifs,

da das sämischgare Leder, als der am höchsten tarifirte Bestandtheil für die Classification maßgebend erscheint.

6. Phenylsäure (auch Karbolsäure genannt) ein Derivat des Steinkohlentheers, ist dem Satze der allgemeinen Eingangsabgabe zu unterwerfen.

7. Polirhölzer, bestehend aus gehobeltem Holz in Verbindung mit farbigem oder mit sämischgarem Leder sind nach

pos. II. 12. f. des Vereinszolltarifs mit 10 ℳ pro Centner

zur Verzollung zu ziehen.

8. Schuhrosetten aus Seidenzeug mit untergenähtem, gesteiftem baumwollenen Futter, welche mit einer kleinen messingenen Schnalle verziert sind, unterliegen nach

pos. II. 20. dem Zollsatze von 50 ℳ für den Centner,

da die Verzierung durch die Messingschnallen nicht als eine unwesentliche zu betrachten ist.

9. Stahlplatten. Bloß geschliffene, aber nicht polirte Stahlplatten sind als rohe im Sinne des Vereinszolltarifs zu behandeln und demgemäß zur

pos. II. 6. d.

zu rechnen, da in der gedachten Tarifposition das Wort „roh" ausdrücklich durch den Beisatz „unpolirte" in Parenthese erläutert worden ist.

Die Unterscheidung der polirten und der geschliffenen Eisen- und Stahlplatten hat übrigens keine Schwierigkeit, da nur die polirten Platten als charakteristisches Merkmal die glänzende Oberfläche zeigen.

10. Wagenräder. Auf hölzerne lackirte Wagenräder ist nicht die Anmerkung zu pos. II. 12 e. und h. des Vereinszolltarifs, sondern der Satz von

3 ℳ nach pos. II. 12. e.

in Anwendung zu bringen.

Zwar verweist das amtliche Waarenverzeichniß hölzerne Pflug-, Karren- und Wagenräder ohne Unterschied auf die Anmerkung zu pos. II. 12. e und h; indessen muß doch angenommen werden, daß dasselbe hierbei eine

Beschaffenheit der Räder voraussetze, wie sie der gedachten Tarifposition
entspricht, indem man sonst, gegenüber der Verweisung aller „gefärbten,
gebeizten, lackirten Wagnerarbeiten" und insbesondere auch der
„gefärbten lackirten Deichseln" zur pos. II. 12. e. in Widersprüche
und in Inconvenienzen gerathen würde.

Erfurt, den 23. August 1864.

Der General-Inspector
des Thüringischen Zoll- und Handels-Vereins.
In Vertretung:
Der Oberregierungsrath
Schreck.

An die vier Hauptsteuerämter und an die
Steuerämter zu Apolda, Arnstadt, Eisenach,
Gera, Greiz, Meiningen, Weimar, so wie
an die Obersteuercontroleure excl. Erfurt.
Nr. 4948.

№ 33. Circularverfügung,

Erleichterungen im Postabfertigungsverkehre betreffend,
vom 12. September 1864. Nr. 5257.

Unter Verweisung auf die ergangenen landesgesetzlichen Bekanntmachungen
bringe ich im Nachstehenden zwei Beschlüsse der Zollvereins-Regierungen noch besonders
zur Kenntniß der zur Abfertigung steuerpflichtiger Poststücke befugten Steuerstellen
meines Ressorts:

I. Waarenproben und Muster, welche unter Kreuzband oder in solcher Weise
verpackt, daß über den Inhalt kein Zweifel bestehen kann, von einem ausländischen
Aufgabeorte mit der Briefpost versendet werden und mittelst der Staatsposten vom
Auslande eingehen, sind, wenn ihr Gewicht 3 Loth oder mehr, jedoch nicht über ein
halbes Pfund beträgt, von der Vorschrift, nach welcher dergleichen Sendungen mit
einer Inhaltserklärung begleitet sein müssen, auszunehmen, der zollamtlichen Vorabfertigung an der Grenze nicht zu unterwerfen und erst der Zollabfertigungsstelle für
den Bestimmungsort von der Postbehörde zur Revision und Abfertigung vorzuführen,
während Sendungen von weniger als 3 Loth nach wie vor von der Zollfertigung
befreit bleiben.

Damit sicher gestellt werde, daß dergleichen Sendungen bei der Zollabfertigungsstelle für den Bestimmungsort zur Abfertigung gelangen, sollen

a. diejenigen Postbeamten, welche die vom Auslande eingehenden Briefbeutel
öffnen, angewiesen werden, die darin befindlichen Packete mit Waarenproben und
Mustern durch ein großes A in lateinischer Schrift auf eine in die Augen fallende
Weise zu bezeichnen, und es soll

b. den Zollbeamten gestattet sein, sich hin und wieder unmittelbar nach Ankunft der Briefposten am Bestimmungsorte in das Postamt zu verfügen und dem

Oeffnen der Briefbeutel beizuwohnen, ohne daß jedoch dadurch der Postabfertigungs-
dienst gestört werden darf. —

Zur Ausführung dieser Vereinbarung bemerke und bestimme ich Folgendes:

1. Die Postbehörden sind ihrerseite mit der erforderlichen Instruction versehen
worden. Dieselben werden also die aus dem Auslande mit der Briefpost eingehenden
Musterjendungen von 3 bis 15 Loth einschließlich,

   a. wenn an dem Bestimmungsorte eine competente Steuerstelle sich befindet,
diesem Bestimmungsorte,

   b. außerdem aber demjenigen Bestimmungsorte, nach welchem zollpflichtige
Fahrpostsendungen der zollamtlichen Behandlung wegen zu leiten sind,

mit der Briefpost möglichst beschleunigt zuführen.

2. Sodann wird ein Unterbediensteter der Postverwaltung die fraglichen Brief-
poststücke der Steuerstelle während der Abfertigungsstunden der letzteren überbringen.
Wird von dem Ueberbringer zugleich ein Register der Postbehörde vorgelegt,
worin die in einem gewissen Zeitraume mit der Briefpost eingegangenen derartigen
Poststücke fortlaufend verzeichnet sind, so hat sich die Steuerstelle durch Einsicht dieses
Registers zu überzeugen, daß ihr wirklich alle darin eingetragenen Briefpoststücke zur
Abfertigung vorgeführt worden sind. Außerdem ist noch die sub I. b. der Verein-
barung oben gedachte Kontrole innerhalb der bezeichneten Grenzen von Zeit zu Zeit
auszuüben.

3. In Gegenwart des Unterbediensteten der Postverwaltung ist Seitens der
Steuerstelle alsbald zur Besichtigung und resp. Revision der Briefpoststücke zu schreiten.

4. Ist die Kreuzband- oder anderweite Verpackung wirklich der Art, daß der
Inhalt der qu. Mustersendung sofort erkannt werden kann, und ist dieselbe zollfrei
der Gattung oder der Menge der Waare nach — vergl. pos I. 17. des Vereinszolltarifs und Circularverfügung vom 17. Januar 1853. Nr. 372. — so ist das Poststück, nachdem der Revisionsbefund in Gemäßheit der Bestimmung sub 6. unten
niedergeschrieben worden ist, dem Ueberbringer alsbald zurückzugeben und somit in
freien Verkehr zu setzen.

5. Läßt aber die Verpackung eine sofortige genügende Feststellung der Revisions-
momente nicht zu, oder wird das Briefpoststück als zollpflichtig erkannt, so ist
dasselbe in amtlichem Gewahrsam zurückzubehalten. Es tritt alsdann in Bezug auf
Mustersendungen zwischen 3—15 Loth, die mit der Briefpost eingegangen sind, das
gewöhnliche bei Fahrpoststücken vorgeschriebene Abfertigungsverfahren ein.

6. In den Fällen 4 und 5 ist über die Revision eine kurze Verhandlung, die
Belag des Postannotationsregisters wird, etwa in folgender Form aufzunehmen:

— · —

Postannotationsregister

84

Postannotationsregister № 15.

Seitens der Postverwaltung wurde am heutigen Tage ein mit der Briefpost von Hamburg an N. N. in N. eingegangenes

1. Packet in Kreuzband (Papier)
2. (Marke:) ⁕.

zur Abfertigung vorgeführt. Die Revision ergab:

3. (Gewicht:) **Br.** 12 Loth.
4. (Inhalt:) Abschnitte von baumwollener Zeugwaare nur als Muster dienlich. I. 17. frei.
5. (Zollbetrag:) ⁕.

Erfurt, am 12. September 1864.
N. N.   N. N.

*Hebregister №
Commercialregister
I. D. № ⁕.*

7. Die Anschreibung zollpflichtiger oder blos der Menge nach oder aber blos beim Eingange aus Oesterreichs freiem Verkehr zollfreier Briefstücke zwischen 3—15 Loth schwer, hat unter Cap. I. D. des Commercialregisters zu erfolgen.

8. Formulare zu den Revisionsverhandlungen können aus dem hiesigen Formularmagazine verschrieben werden. Außerdem sind bei geringerem Bedarf ein oder zwei mit der Feder anzulegende Formulare stets verräthig zu halten, damit die Abfertigungen sub 4. oben vorkommenden Falles nicht verzögert werden.

II. Die nach Ziffer VI. im zweiten Absatze und nach Ziffer VII. der fünften Abtheilung des Vereinszolltarifs zu Gunsten von Glas, Glaswaaren, Instrumenten, Porzellan, Steingut und kurzen Waaren, sowie aller sprachgebräuchlich zu den kurzen Waaren zu rechnenden Gegenstände — vergl. Beilage II. zum Circulare vom 19. Sept. 1863. Nr. 5630. — getroffenen Ausnahmebestimmungen finden auch auf den Postverkehr Anwendung, und zwar die Ausnahmebestimmung unter Ziffer VI. im zweiten Absatze auch in solchen Fällen, wo die vorgedachten Gegenstände mit anderen Waaren in einem Kolle zusammenverpackt eingehen. (Vergl. die angezogene Circularverfügung sub 7. der Beilage III.) —

Die Vorschrift der Circularverfügung vom 30. August 1852. Nr. 4901 hat daher künftig in dem nach Vorstehendem erweiterten Umfange zur Beachtung zu dienen.

Erfurt, den 12. September 1864.

Der General-Inspector
des Thüringischen Zoll- und Handels-Vereins.
In Vertretung:
Der Oberregierungsrath
Schreck.

An sämmtliche zur Abfertigung von Postgütern befugte Steuerstellen und an sämmtliche Obersteuercontroleure excl. desj. in Erfurt. Nr. 5257.

№ 34. Circularverfügung,
Tarifentscheidungen betreffend,
vom 10. September 1864. Nr. 5253.

Nachstehende Tarifentscheidungen haben bei vorkommenden Abfertigungen zur Beachtung zu dienen. Im amtlichen Waarenverzeichnisse zum Vereinszolltarife ist deshalb das Nöthige zu notiren.

1.) Der jetzt gültige Tarif hat für Leim einerseits und Gelatine, Gallertschöne, Weinschöne andererseits zwei verschiedene Zollsätze festgestellt; es ist indessen eine bestimmte Grenze zwischen Leim und Gelatine, zwischen ordinairem und feinem Leim nicht zu ziehen, da die Materialien, welche zur Herstellung beider Arten Leim verwendet werden, dieselben sind, und da die Art der Bearbeitung ebenfalls dieselbe ist. Man ist deshalb anderwärts, wo derartige Waaren häufiger und in größeren Mengen eingehen, zu der Annahme des Grundsatzes gelangt, daß die durchsichtigen dünnen Tafeln und Blätter, welche im Handel öfters als Gelatine gelten, als Leim und nur die in stärkeren Tafeln, hauptsächlich zum Klären von Wein angefertigte Waare als Gelatine zu behandeln ist.

Hiernach mag auch in meinem Verwaltungsbezirke verfahren werden.

2.) Filter und andere Gegenstände aus sogenannter plastisch-poröser Kohle ohne wesentliche Verbindung mit andern Materialien, wie z. B. mit polirtem Holz unterliegen dem Satze der allgemeinen Eingangsabgabe.

Tabakspfeifenköpfe aus Thon und solcher plastischer Kohle gefertigt, ohne weitere Verbindung sind nach pos. II. 38. b. des Vereinszolltarifs mit 5 Thlr. pro Centner zu verzollen.

Erfurt, den 10. September 1864.

Der General-Inspector
des Thüringischen Zoll- und Handels-Vereins.
In Vertretung:
Der Oberregierungsrath
Schreck.

An die 4 Hauptsteuerämter und an die Steuerämter zu Apolda, Arnstadt, Eisenach, Gera, Greiz, Meiningen, Weimar, sowie an die Obersteuercontroleute excl. desjenigen zu Erfurt.
Nr. 5253.

Ergänzung der Beilage zum 4ten Stück:
Auf Seite 46 ist in Spalte 12 unter den unberittenen Steueraufsehern des Steuerbezirks Namburg hinter Nr. 59 nachzutragen: „Scheller" mit dem Stationsorte „Priesnitz" in Spalte 13.

Gedruckt bei Ludwig Zöllnsberg in Erfurt.

Amtsblatt

des
General-Inspectors
des Thüringischen Zoll- und Handels-Vereins.

7tes Stück vom Jahre 1864.

№ 35. **Ministerialbekanntmachung**
d. d. Weimar, den 15. September 1864.
die Aufhebung der Uebergangsstraße zwischen Rahdorf und Buttlar betreffend.

Es wird hierdurch mit Bezugnahme auf die Bekanntmachung vom 18. Juli 1861 (Regierungs-Blatt Seite 165) zur Nachachtung bekannt gemacht, daß vom 1. November d. J. an die Uebergangsstraße zwischen dem Thüringischen Vereine einerseits und Kurhessen andererseits von Bacha nach Hünefeld über Buttlar, sowie umgekehrt (Regierungs-Blatt vom Jahre 1861 Seite 166) aufgehoben und die Abfertigungs- und Hebestelle zu Buttlar mit der zu Geisa — der Großherzoglichen Steuer-Receptur daselbst — vereinigt wird; daß folglich von diesem Zeitpunkte an für den übergangssteuerpflichtigen Verkehr zwischen Bacha und Hünefeld, sowie für die Abfertigung von Spirituosen mit Bonifications-Anspruch nur in dieser Richtung die Uebergangsstraße über Geisa nach und von Hünefeld eröffnet bleibt.

Weimar, am 15. September 1864.

Großherzoglich Sächsisches Staats-Ministerium,
Departement der Finanzen.
(gez.) G. Thon.

Vorstehende Ministerialbekanntmachung wird mit Genehmigung des Großherzoglich Sächsischen Staatsministeriums, Departement der Finanzen, im Amtsblatte, und zwar für die betheiligten Steuerstellen und Oberkontroleure meines Ressorts mit dem Bemerken veröffentlicht, daß hiernach die Beilage A. der Circularverfügung vom 1. Juli 1661 Nr. 3432 auf Seite 27 und 34 zu berichtigen ist.

Erfurt, den 11. October 1864.

Der General-Inspector
des Thüringischen Zoll- und Handels-Vereins.
№ 5826. Wendt.

№ 36. **Circularverfügung,**
die Aufhebung der Großherzoglich Sächsischen Uebergangsstelle zu Buttlar betreffend,
vom 26. September 1864. Nr. 5470.

Zu Folge eines von der Großherzoglich Sächsischen im Einverständnisse mit allen übrigen Regierungen des Thüringischen Zoll- und Handelsvereins gefaßten Be-

schlusses wird die Großherzogliche Uebergangsstelle zu Buttlar mit dem
1. November d. J. aufgehoben werden. Die bisher von derselben erledigten Geschäfte
fallen mit Ausnahme der aus der Befugniß zur Erledigung und Ausfertigung von
Uebergangsscheinen über steuerpflichtige Gegenstände und zur Ausfertigung von Ueber
gangsscheinen über Spielkarten entspringenden — welche genannten Befugnisse der
Großherzoglichen Uebergangsstelle erlöschen — von dem gedachten Zeitpunkte ab der
Großherzoglichen Steuerreceptur zu Geisa zu.

Das Verzeichniß der Thüringischen Steuerstellen und den Seiten der mit der
Circularverfügung vom 1. Juli 1861 Nr. 3432 versehenen Steuerstellen und Ober
controleure auch die Uebersicht D. der zur Erhebung von Uebergangsabgaben 2c. be
fugten Steuerstellen ist hiernach zu ergänzen.

Wegen der gleichzeitig beschlossenen Aufhebung der Uebergangsstraße zwischen
Raßdorf und Buttlar verweise ich auf die demnächst im Amtsblatt erscheinende
besondere Bekanntmachung.

Erfurt, den 26. September 1864.

Der General-Inspector
des Thüringischen Zoll- und Handels-Vereins.
Wendt.

An sämmtliche mit dem Thüringischen Steuerstellenverzeichnisse versehene Steuerstellen und an
sämmtliche Obersteuercontroleure. Nr. 5170.

No 37. Bekanntmachung,

**betreffend die Erweiterung der Abfertigungsbefugnisse der Herzoglich Nassauischen
Steuerstelle zu Flörsheim a. M. vom 11. Oktober 1864. Nr. 5909.**

Der Herzoglich Nassauischen Steuerstelle zu Flörsheim a. M., welche bis
her nur zur Ausfertigung von Uebergangsscheinen über Branntwein und Bier
ermächtigt war, ist die Befugniß zur unbeschränkten Ausfertigung von Ueber
gangsscheinen beigelegt worden.

Das betreffende Verzeichniß ist hiernach zu ergänzen.

Erfurt, den 11. Oktober 1864.

Der General-Inspector
des Thüringischen Zoll- und Handels-Vereins.
Wendt.

Nr. 5909.

No 38. Circularverfügung,

die Ueberweisung von Uebergangsscheinen betreffend, vom 12. Oktober 1864. Nr. 4997.

Nachdem in verschiedenen Vereinsstaaten bereits die auf der XIVten Generalconferenz in Zollvereinsangelegenheiten vereinbarten Bestimmungen über die Ueber
weisung von Begleitscheinen auch auf die Ueberweisung von Uebergangsscheinen ange
wendet worden sind, bin ich neuerdings ermächtigt worden, diese analoge Ausdehnung
obiger Vereinbarung auch in meinem Verwaltungsbezirke geschehen zu lassen. Dem
gemäß genehmige ich hiermit, daß Uebergangsscheine von dem ursprünglichen Empfangs-

amte auf Antrag der Waarenempfänger resp. Waarenführer oder deren Vertreter — Circularverfügung vom 10. Juni 1861 Nr. 3227 sub 2 — einer anderen zur Erledigung von Uebergangsscheinen überhaupt befugten Steuerstelle zur schließlichen Erledigung überwiesen werden. Die für die Ueberweisung von Begleitscheinen gegebenen Vorschriften der Circularverfügung vom 26. Juli 1860 Nr. 3633 finden auch bei der Ueberweisung von Uebergangsscheinen analoge Anwendung.

Diejenigen zur Erledigung von Uebergangsscheinen befugten Steuerstellen, denen die zuletzt angezogene Circularverfügung nicht zugegangen ist, können sich ein Exemplar derselben noch verschreiben, wenn nach dem Umfange ihres geschäftlichen Verkehrs anzunehmen ist, daß sie überhaupt in den Fall kommen werden, Uebergangsscheine auf andere Empfangsämter zu überweisen, anstatt nach Erledigung des auf sie selbst ausgestellten eigenen neuen Uebergangsschein auszufertigen.

Erfurt, den 12. Oktober 1861.

Der General-Inspector
des Thüringischen Zoll- und Handels-Vereins.
Wendt.

An alle zur Erledigung von Uebergangsscheinen
über steuerpflichtige Gegenstände befugte Steuerstellen,
sowie an sämmtliche Obersteuercontroleure excl. des.
zu Erfurt. Nr. 4997.

№ 39. Bekanntmachung,
betreffend die Königlich Hannoverschen Steuerstellen in Burgdorf und Ochsendorf.
vom 18. Oktober 1864. Nr. 6146.

Von der Königlich Hannoverschen Regierung ist mit dem 1ten d. M. die bisherige Steuerreceptur Burgdorf in ein Steueramt verwandelt und das bisherige Steueramt Ochsendorf (beide im Hauptsteueramtsbezirke Celle) aufgehoben worden.

Das Verzeichniß der im Zollvereine bestehenden Steuerstellen ꝛc. ist hiernach zu ergänzen.

Erfurt, den 18. Oktober 1864.

Der General-Inspector
des Thüringischen Zoll- und Handels-Vereins.
Nr. 6146. Wendt.

№ 40. Circularverfügung.
die Tarifirung seidener Waaren in unwesentlicher Verbindung mit anderen Spinnmaterialien betreffend, vom 21. Oktober 1864. Nr. 6203.

Unter den Regierungen sämmtlicher Zollvereinsstaaten ist eine Verständigung darüber erfolgt,

daß die an den Kanten von seidenen Geweben angebrachten baumwollenen, leinenen oder wollenen Fäden dann als Weberkanten im Sinne des Zolltarifs anzusehen, mithin nach der Bestimmung unter V. der fünften Abtheilung des Tarifs bei der Classification außer Betracht zu lassen sind, wenn nach der ganzen Beschaffenheit der Waare angenommen werden muß, daß jene Fäden ohne Bedeutung für die Waare selbst nur lediglich zur Sicherung und Verstärkung der Kanten eingewoben sind.

Dabei ist man darüber einverstanden gewesen, daß im Falle der Einführung seidener Foulardtücher in ganzen Stücken den etwa zwischen den einzelnen Tüchern an den Säumen eingewobenen nicht seidenen Fäden des Schusses oder der Kette die Wirkung nicht beizulegen sei, daß die fraglichen Gewebe deshalb als halbseidene zu behandeln wären.

Hiernach ist künftig zu verfahren und treten alle früheren Bestimmungen bezüglich dieses Gegenstandes außer Kraft, in so weit sie von gegenwärtiger Verfügung betroffen oder modificirt werden.

Erfurt, den 21. October 1864.

Der General-Inspector
des Thüringischen Zoll- und Handels-Vereins.
Wendt.

An die mit Postablertigungsbefugniß versehenen Steuerstellen und an sämmtliche Obersteuercontroleure excl.
Erfurt. Nr. 6203.

Personalveränderungen.

1) **Preußen:** Der berittene Steueraufseher Gebner in Erfurt ist vom 1. October c. an nach Gehuhn versetzt, und dessen Stelle dem Steueraufseher Bennewitz zu Bischhagen übertragen worden.

2) **Sachsen-Weimar:** Die erledigte Stelle des Großherzoglichen Steuerreceptorverwalters zu Geisa ist vom 1. November c. ab dem zeitherigen Uebergangsstellenverwalter Dotter in Buttlar verliehen worden.   (Ministerial-Erlaß d. d. Weimar, den 15. September c.)

3) **Sachsen-Meiningen:** Die Vertretung des zweiten Beamten bei dem Herzoglichen Steueramte zu Hildburghausen ist an Stelle des zum Amtsrechnungsrevisor ernannten Assistenten Hellingloh dem Assistenten Reukauf übertragen worden.
(Ministerial-Erlaß d. d. Meiningen, den 14. Juli c.)

Der Revisionsassistent Müller in Meiningen ist vom 1. October c. an in der Eigenschaft als zweiter Revisionsbeamter an das Herzogliche Steueramt in Pößneck versetzt worden.   (Ministerial-Erlaß d. d. Meiningen, den 20. September c.)

Die durch Pensionirung des Steueraufsehers Bögel in Sonneberg erledigte Stelle eines berittenen Steueraufsehers ist dem Steueraufseher Kell in Oepfershausen verliehen worden.   (Ministerial-Erlaß d. d. Meiningen, den 3. September c.)

Der Steueraufseher Richter in Wasungen wurde in gleicher Eigenschaft nach Oepferehausen, der Steueraufseher Horn in Immelborn nach Wasungen, der Steueraufseher Seidenzahl in Walldorf nach Immelborn, der Steueraufseher Kirchner II. in Heubach nach Walldorf, der Steueraufseher Unschutz in Lebesten nach Heubach, der Steueraufseher Carl in Oberneubrunn nach Lebesten, und der Steueraufseher Börner in Reichmannsdorf nach Oberneubrunn versetzt.
(Mittheilung des Feldjägercommando's zu Meiningen, d. d. den 7. u. 9. September c.)

Die erledigte Steueraufseherstelle zu Reichmannsdorf wurde dem Sergeanten Schappach provisorisch übertragen.
(Mittheilung des Herzogl. Feldjägercommando's zu Meiningen vom 21. September c.)

4) **Sachsen-Altenburg:** Dem Steueraufseher Dietsch in Altenburg wurde die durch den Tod des bisherigen Inhabers erledigte Steueraufseherstelle zu Ulstadt verliehen, die Steueraufseherstelle in Altenburg aber dem als dienstleistenden Anwärter angestellten Sergeanten Raundorf vorläufig übertragen.
(Mittheilung des Herzogl. Finanzcollegiums zu Altenburg vom 12. September c.)

Gedruckt bei Ludwig Schellenberg in Erfurt.

Amtsblatt

des

General-Inspectors

des Thüringischen Zoll- und Handels-Vereins.

8tes Stück vom Jahre 1864.

№ 41. Circularverfügung,

die Vermischung von inländischem, zum Exporte unter Steuerbonification angemeldetem Branntwein mit verzollten ausländischen Spirituosen betreffend, vom 21. Oktober 1864. Nr. 6193.

Zwischen den Regierungen der sämmtlichen Zollvereinsstaaten ist eine Vereinbarung dahin getroffen worden, daß die Centralfinanzstellen derjenigen Vereinsstaaten, in welchen bei der Ausfuhr von inländischem Branntwein eine Steuervergütung nach Maßgabe der bestehenden Vereinbarungen über die inneren Steuern geleistet wird, ermächtigt sein sollen, zuverlässigen Gewerbtreibenden unter Vorbehalt des Widerrufs die Steuervergütung bei der Ausfuhr von inländischem Branntwein nach anderen, nicht in der Branntweinsteuergemeinschaft mit ihnen stehenden Vereinsstaaten auch dann zu gewähren, wenn der Branntwein mit verzollten ausländischen Spirituosen unter den nachstehend verzeichneten Kontrolen vermischt worden ist.

1. Der Versender hat den inländischen Branntwein wie gewöhnlich anzumelden und nach der in einer kurzen Verhandlung, welche bei dem Abfertigungsregister zurückbleibt, amtlich anzuschreibenden Ermittelung des Alkoholgehalts und der Menge des Branntweins die Mischung desselben mit den verzollten Spirituosen unter amtlicher Aufsicht vorzunehmen.

2. Von der entstehenden Mischung (dem gemischten alkoholischen Fluidum) muß das Bruttogewicht und wenn möglich auch der Alkoholgehalt festgestellt, kann der zollamtliche Verschluß angelegt, das Ergebniß dieser zweiten Revision auf der Anmeldung vermerkt und demnächst auf Grund dieses Revisionsbefundes die Ausfuhr controlirt werden.

3. Sollte die Alkoholstärke der Mischung wegen ihrer Beschaffenheit nicht zu ermitteln sein, so muß zur Feststellung der Identität bei der Ausfuhr neben dem amtlichen Verschluß ein versiegeltes Probefläschchen dem Gebinde beigefügt werden.

4. Die Steuervergütung für den zur Mischung verwendeten inländischen Branntwein wird demnächst auf Grund einer Bescheinigung über den Ausgang der Mischung bei der gegenüberliegenden Abfertigungsstelle, beziehungsweise am vereinsländischen Bestimmungsorte gewährt werden.

Indem ich die betreffenden Steuerstellen hiervon in Kenntniß setze, sehe ich
einer Berichterstattung entgegen, wenn von einzelnen Gewerbtreibenden die fragliche
Vergünstigung in Anspruch genommen werden sollte.

Im Uebrigen aber bemerke ich, daß auch bei der Vorabfertigung von künstlichem
Rum oder Franzbranntwein ohne Beimischung verzollter Spirituosen künftig überall,
wo solches noch nicht bisher schon geschehen sein sollte, nach der obigen Vorschrift
sub Nr. 1 und 2 zu verfahren ist und ferner unter Zurückbeziehung auf die Circularverfügung vom 8. November 1843 Nr. 6362 daß, wenn bei der Schlußabfertigung
hinsichtlich der Menge Differenzen sich ergeben sollten, die Quantmenge des Branntweins nicht blos durch Verwiegung, sondern auch unter Anwendung des Längen- und
Höhenmessers ermittelt werden muß.

Erfurt, den 21. Oktober 1864.

Der General-Inspector
des Thüringischen Zoll- und Handels-Vereins.
In Vertretung:
Der Oberregierungsrath
Schreck.

An die zur Vorabfertigung bonificationsfähiger
Spirituosen ermächtigten Steuerstellen, das
Uebergangssteueramt Lichtenfels und an
sämmtliche Obersteuercontroleure excl. Erfurt.

Nr. 6193.

№ 42. Verfügung,

betr. die Abfertigung der in Ruhrort im Ansageverfahren ein- und ausgehenden
Güter, vom 27. Oktober 1864. Nr. 6271.

Nachdem sich sämmtliche Regierungen der Zollvereinsstaaten damit einverstanden erklärt haben, daß in Ruhrort (Eisenbahnlinie Ruhrort-Oberhausen in der
Preußischen Rheinprovinz) eine Umladung der unter Wagenverschluß auf der Eisenbahn beförderten, zum Ein- und Ausgange bestimmten Güter ohne zollordnungs-
mäßige Abfertigung, unter Festhaltung der sonst regulativmäßigen Vorschriften erfolge,
mache ich solches mit dem Bemerken bekannt, daß es hiernach von jetzt ab ebensowenig,
wie in dem in der Verfügung vom 31. März v. J. Nr. 1552 bezeichneten Falle, der
Einholung meiner Genehmigung zur Erledigung der mit vorschriftlichem Umladungs-
nachweise versehenen Ladungsverzeichnisse des Königl. Preußischen Hauptsteueramtes
in Ruhrort über die von demselben im Ansageverfahren auf eine competente Thüringische Steuerstelle abgefertigten Waaren bedarf.

Erfurt, den 27. Oktober 1864.

Der General-Inspector
des Thüringischen Zoll- und Handels-Vereins.
In Vertretung:
Der Oberregierungsrath
Schreck.

An
1) die Steuerstellen in Altenburg, Coburg,
Eisenach, Gotha, Erfurt und Gera, und
2) die betreffenden Obercontroleure.

№ 6271.

№ 43. **Bekanntmachnng,**

betr. die Errichtung von Zoll-Erpositnren auf dem Ostbahnhofe in Nürnberg und im Bahnhofe zu Marktbreit, vom 27. Oktober 1864. Nr. 6268.

Gleichwie seit November 1860 auf dem Staatsbahnhofe zu Nürnberg ist nunmehr auch seit dem 1. September d. J. auf dem Ostbahnhofe daselbst, weiterhin aber auch vom 15. d. M. an im Bahnhofe zu Marktbreit eine Zollerpositur errichtet worden, von denen die erstere im Namen, unter der Kontrole und mit den Befugnissen eines Hauptzollamtes, die letztere im Namen, unter Kontrole und mit den Befugnissen des Hauptzollamtes zu Marktbreit zu fungiren hat.

Die betreffenden Zollstellenverzeichnisse sind hiernach entsprechend zu ergänzen.

Erfurt, den 27. Oktober 1864.

Der General-Inspector
des Thüringischen Zoll- und Handels-Vereins.
In Vertretung:
Der Oberregierungsrath
Schred.

Nr. 6293.

№ 44. **Bekanntmachung,**

betr. die Errichtung einer Königl. Bayerischen Uebergangsstelle auf dem Bahnhofe zu Heidingsfeld, vom 27. Oktober 1864. Nr. 6294.

Vom 1. November d. J. an wird auf dem Bahnhofe zu Heidingsfeld bei Würzburg, Königlich Bayerischer Seits eine Uebergangsstelle, behufs Abfertigung übergangssteuerpflichtiger Gegenstände, mit der Befugniß zur Ausfertigung und Erledigung von Uebergangsscheinen errichtet werden.

Die betreffende Uebersicht ist hiernach zu ergänzen.

Erfurt, den 27. Oktober 1864.

Der General-Inspector
des Thüringischen Zoll- und Handels-Vereins.
In Vertretung:
Der Oberregierungsrath
Schred.

Nr. 6294.

№ 45. **Bekanntmachung,**

betreffend die Eintritts- und Austrittscontrole bei dem Eisenbahnverkehr mit übergangscontrolepflichtigen Gegenständen im Königreiche Württemberg, vom 8. November 1864. Nr. 6445.

Zur Erleichterung des durch die Eisenbahnen vermittelten Verkehrs mit übergangscontrolepflichtigen Gegenständen ist im Königreiche Württemberg die bisherige Eintritts- beziehungsweise Austritts-Controle bei den an den Württembergischen Eisenbahnen gelegenen Grenzzollstellen aufgehoben und dafür die Anordnung getroffen, daß:

a) bei der Einfuhr nach Württemberg der Ort, wo der Transport die Eisenbahn verläßt, als Eintrittsort,

b) bei der Ausfuhr aus Württemberg derjenige Ort, an welchem der controlepflichtige Gegenstand zur Eisenbahn aufgegeben wird, als Austrittsort gelten, somit an diesen Orten die Ein- beziehungsweise Austrittscontrole vorgenommen werden soll.

In Folge dessen sind mit dem 1. d. M. an allen im Königreiche Württemberg belegenen Eisenbahnstationsorten Grenzaccisesämter errichtet, dagegen die Königlich Württembergischen Grenzsteuerstellen, welche bei den auf Großherzoglich Badischem Territorium belegenen Württembergischen Eisenbahnstationen Heidelsheim, Gondelsheim und Bretten fungirten, als entbehrlich aufgehoben worden.

Es bestehen demnach zur Controle übergangssteuerpflichtiger Gegenstände an den Württembergischen Eisenbahnen folgende Württembergische Steuerstellen, die mit den angegebenen Ausnahmen die Benennung Acciseamt führen:

I. An der Hauptbahn.

Bruchsal im Großherzogthume Baden[1], Maulbronn[1], Mühlacker[1], Illingen, Sersheim[1], Großsachsenheim, Bietigheim, Asberg, Ludwigsburg, Kornwestheim, Zuffenhausen, Feuerbach, Stuttgart[2], Cannstatt[2], Untertürkheim, Obertürkheim, Eßlingen, Altbach, Plochingen, Reichenbach, Ebersbach, Uhingen, Göppingen, Eislingen, Süßen, Gingen, Geislingen, Amstetten, Lonsee, Beimerstetten, Ulm[2], Erbach, Rißtissen[1], Lauphheim[1], Schemmerberg, Langenschemmern, Warthausen, Biberach, Ummendorf, Essendorf, Schussenried[1], Aulendorf, Durlesbach, Mochenwangen, Niederbiegen[1], Ravensburg, Meckenbeuren, Friedrichshafen[2].

II. An der unteren Neckar- und Locherbahn.

Besigheim, Kirchheim, Lauffen, Nordheim, Heilbronn[2], Weinsberg, Willsbach, Eschenau, Breyfeld, Oehringen, Neuenstein, Waldenburg[1] Kupfer, Gailenkirchen, Hall.

III. An der oberen Neckarbahn.

Unterboihingen, Nürtingen, Neckarthailfingen, Bempflingen, Metzingen, Reutlingen, Betzingen, Kirchentellinsfurt, Tübingen, Kilchberg, Rottenburg[3], Niedernau[3], Bieringen[3], Eyach[3][1].

IV. An der Remsbahn.

Fellbach, Waiblingen, Endersbach, Grunbach, Winterbach, Schorndorf, Plüderhausen, Waldhausen, Lorch, Gmünd, Unterböbingen, Mögglingen, Essingen, Aalen, Wasseralfingen, Goldshöfe[1], Westhausen, Lauchheim, Bopfingen, Pflaumloch.

V. An der Bahn Mühlacker-Pforzheim.

Gutsberg.

VI. An der Brenzbahn (von Aalen nach Heidenheim).

Unterkochen, Oberkochen, Königsbronn, Schnaitheim, Heidenheim.

VII. An der Kirchheim-Unterboihinger Privateisenbahn.

Oethlingen, Kirchheim.

ad 1) die Controle geschieht durch die Eisenbahngüterabfertigungsstelle;
ad 2) die Controle geschieht durch das gleichnamige Hauptzollamt;
ad 3) die Thätigkeit der Controlstelle beginnt erst mit der bevorstehenden Eröffnung der Bahnstrecke Rottenburg-Eyach.

Die betreffende Uebersicht ist hiernach zu ergänzen.

Erfurt, den 8. November 1864.

Nr. 6445.

Der General-Inspector des Thüringischen Zoll- und Handels-Vereins.
Wende.

Amtsblatt

des
General-Inspectors
des Thüringischen Zoll- und Handels-Vereins.

9tes Stück vom Jahre 1864.

№ 46. Circularverfügung,

betreffend die Abrechnung einer Tara von ¹⁄₁₀ ℔ für jedes Rollband, welches sich an einem, weniger als 3½ ℔ brutto wiegenden Gebinde mit bonificationsfähigem Spiritus befindet,

vom 17. November 1864. Nr. 6632.

Nach dem Vorgange in Preußen will ich nachträglich zu den Verfügungen vom 5. und 29. Juni 1863 Nr. 3437 und Nr. 3848 gestatten, daß für jedes Rollband, welches sich an einem Gebinde befindet, in welchem Branntwein mit dem Anspruche auf Steuervergütung zur Ausfuhr gelangt, sofern das Gebinde weniger als 3½ Centner brutto wiegt, fortan bis auf Weiteres nur eine Tara von ¹⁄₁₀ Pfund abgesetzt werde, wenn die Betheiligten die Abnahme der Rollbänder vor der Bruttoverwiegung zu vermeiden wünschen.

Gleichzeitig aber mache ich auch zur Pflicht, von Zeit zu Zeit dergleichen Rollbänder zu verwiegen und wenn deren Gewicht das Durchschnittsgewicht von ¹⁄₁₀ Pfund übersteigt, Anzeige an mich zu erstatten.

Bei schwereren Gebinden ist die bisherige Tara von 1¼ Pfund für jeden nicht abzunehmenden Rollreif vom Bruttogewichte abzusetzen.

Erfurt, den 17. November 1864

Der General-Inspector
des Thüringischen Zoll- und Handels-Vereins.

Wendt.

An
das Herzogliche Hauptsteueramt in Cobura,
das Großherzogliche Steueramt in Eisenach,
das Herzogliche Uebergangssteueramt in Lichtenfels,
die Herren Steuerrath Dißberg in Coburg und
Obersteuerkontroleur Pezold in Eisenach.

Nr. 6632.

№ 47. Bekanntmachung,

betreffend die Abfertigungsbefugnisse der Königlich Hannoverschen Steuerstellen zu Burgdorf, Neustadt a. R., Berben, des Kurfürstlich Hessischen Nebensteueramtes zu Eschwege und der Großherzoglich Badischen Steuereinnehmerei zu Weingarten, vom 20. Dezember 1864. Nr. 7168.

1) Von der Königlich Hannoverschen Regierung ist dem Steueramte Burgdorf die Befugniß zur Erledigung von Begleitscheinen II., sowie der Steuerreceptur zu Neustadt a/Rübenberge die gleiche Befugniß, ingleichen die Befugniß zur Ausstellung und Erledigung von Uebergangsscheinen, zur Abfertigung von Declarationsscheingütern und von Postgütern bis zu 30 Pfund Gewicht beigelegt worden.

2) Dem Königlich Hannoverschen Steueramte zu Berben ist die Befugniß zur unbeschränkten Erledigung von Begleitscheinen I. ertheilt worden.

3) Dem Kurfürstlich Hessischen Nebensteueramte zu Eschwege ist die Befugniß zur Erledigung von Begleitscheinen II. beigelegt worden.

4) Von der Großherzoglich Badischen Regierung ist der Steuereinnehmerei Weingarten die Befugniß zur Ausstellung von Uebergangsscheinen für Tabaks, fabrikate ertheilt worden.

Das Zollstellenverzeichniß und die Uebersicht der Uebergangsstellen sind hiernach entsprechend zu ergänzen.

Erfurt, ben 20. Dezember 1864.

Der General-Inspector
des Thüringischen Zoll- und Handels-Vereins.
Wendt.

Nr. 7168.

№ 48. Circularverfügung,

das Verfahren bei verweigerter Annahme von Poststücken betreffend, vom 23. Dezember 1864. Nr. 7242.

In der letzten Zeit ist es in meinem Verwaltungsbezirke öfters vorgekommen, daß ausländische Poststücke von den Empfängern nicht angenommen oder behalten worden sind. Die Fälle haben mir Veranlassung gegeben, über einige auf das Verfahren der Steuerstellen dabei Bezug habende Fragen Folgendes unter Wiederholung und Einschärfung früherer Bestimmungen — vergleiche §. 8 der Instruction zur Erhebung und Controlirung der Zollgefälle und Circularverfügungen vom 12. Juli 1843 Nr. 149/4021, vom 14. November 1848 Nr. 6593 und vom 22. Mai 1859 Nr. 3107 — zu, bemerken:

1) Trägt der Empfänger nach bereits erfolgter Oeffnung und Revision des Poststücks noch nachträglich darauf an, daß dasselbe von ihm in das Zollvereins-ausland an den Absender zurückgesendet werden dürfe, so ist über einen solchen Antrag an mich zu berichten, bis zum Eingange meiner Entschließung aber das

Poststück im amtlichen Gewahrsam zu behalten. Unzulässig bleibt es aber, die Revision eines Poststücks vorzunehmen, wenn sich der Empfänger oder dessen Vertreter die Erklärung, ob er dasselbe annehmen, resp. den Eingangszoll bezahlen will, bis nach genommener Kenntniß vom Inhalte vorbehalten wollte.

2) Nur, wenn der ursprüngliche Verschluß unverletzt und das Poststück noch uneröffnet ist, kann die Zurückführung in das Zollvereinsausland in der durch die Circularverfügung vom 22. Mai 1859 Nr. 3107 nachgelassenen Weise geschehen. Außerdem muß sie mit Begleitschein I. erfolgen.

3) Die Königlich Preußischen und im Herzogthume Altenburg die Königlich Sächsischen Postbehörden nehmen auch diejenigen vom Auslande mit der Post eingegangenen Packete, für deren Transport der Adressat zwar das Porto entrichtet hat, deren Abnahme bei der Steuerbehörde gegen Entrichtung der Eingangsabgaben er aber verweigert, zur weiteren Veranlassung zurück. Im Gebiete des Sächsisch-Fürstlich Thurn- und Taris'schen Postdistrikts — vergl. Formularbeilage A. zur Circularverfügung vom 23. Mai 1861 Nr. 2951 und für die Herzogthümer Coburg und Gotha die Ministerialbekanntmachung vom 28. März 1861, sowie die an die beiden Herzoglichen Hauptsteuerämter ergangene Verfügung vom 26. April ejusd. Nr. 2465 — geschieht dies gleichfalls. Geöffnete Packete nehmen die Postanstalten nicht wieder zurück.

4) Wird die Disposition über ein noch uneröffnetes Poststück sowohl von Seiten des Empfängers, als ausnahmsweise auch von Seiten der Postverwaltung abgelehnt, so ist wegen Einleitung des Verfahrens nach §. 66 der Zollordnung an mich zu berichten.

Erfurt, den 23. Dezember 1864.

Der General-Inspector
des Thüringischen Zoll- und Handels-Vereins.
Wendt.

An sämmtliche zur Abfertigung von Poststücken befugte Steuerstellen und an sämmtliche Obersteuercontroleure excl. desj. zu Erfurt. Nr 7212.

№ 49. Circularverfügung,
die Tarifirung alter abgenutzter Stücke von baumwollener Watte betreffend,
vom 24. Dezember 1861. Nr. 7307.

Die Regierungen der Zollvereinsstaaten sind übereingekommen, alle abgenutzte Stücke von baumwollener Watte gleich der rohen Baumwolle nach pos. II 2.a. des Tarifs zollfrei zu lassen. Zugleich hat man sich dahin verständigt, daß den Betheiligten, welche darauf antragen, der für derartige Watten erhobene Eingangszoll erstattet werden könne.

Hiernach ist zu verfahren. Etwaige Anträge auf Rückzahlung erhobener Zoll-
beträge sind nach den Vorschriften für Restitutionsliquidationen zu behandeln und
Behufs weiterer Veranlassung anher vorzulegen.

Erfurt, den 24. Dezember 1864.

Der General-Inspector
des Thüringischen Zoll- und Handels-Vereins.
Wendt.

An sämmtliche zur Ausfertigung ausländischer Poststücke
befugte Steuerstellen und an sämmtliche Obersteuercontroleure, excl. desjenigen zu Erfurt. Nr. 7307.

Personalveränderungen, Titel- und Ordensverleihungen.

A. Bei der Generalinspection: Dem Bureauvorsteher, Fürstlich Schwarzburgischen Cazleirathe
Ulrich ist das Fürstlich Schwarzburgische Ehrenkreuz III. Classe verliehen worden.

B. 1) **Sachsen-Meiningen:** Der provisorisch angestellte Steueraufseher Markart zu Frauenbreitungen ist seines Dienstes entlassen worden.

Ministerial-Erlaß d. d. Meiningen, den 28. Oktober c.

An Stelle des entlassenen Steueraufsehers Markart ist der Sergeant Heil als proviso-
rischer Steueraufseher nach Frauenbreitungen stationirt worden.

Mitheilung des Herzogl. Feldjägercommando's zu Meiningen vom 6. Dezember c.

Der Steueraufseher Braumann in Sieglitz wurde, bei gleichzeitiger Verlegung der
Aufsichtsstation, nach Gratschen versetzt.

Ministerial-Erlaß d. d. Meiningen, den 20. Oktober c.

2) **Schwarzburg-Rudolstadt:** Dem Rentamtmann Baumgarten zu Stadtilm und Rentamtmann Meyer in Königsee ist das Prädicat als „Rath" verliehen worden.

Ministerial-Erlaß d. d. Rudolstadt, den 10. November c.

3) **Fürstenthum Reuß jüngere Linie:** Der Steueramtsassistent Rascher in Gera ist vom
1. Dezember c. an definitiv zum Salinecontrolrur auf der Saline Heinrichshall ernannt worden.

Ministerial-Erlaß d. d. Gera, den 23. November c.

Dem Steueramtsrendanten Lippmann in Gera ist das Prädicat als „Zollinspector"
verliehen worden.

Ministerial-Erlaß d. d. Gera, den 29. November c.

Berichtigungen.

Auf Seite 5 muß es in der Bekanntmachung Nr. 6 statt: „Verordnungen, welche" heißen „Verordnungen, welche".

Daselbst muß es statt „Zollvereinsregierungen vereinbarten" heißen „Zollvereinsregierungen vereinbarten".

Auf Seite 6 unter 9.) muß es statt „Ziffer IX" heißen „Ziffer XI."

Auf Seite 63 Zeile 4 muß es statt: „1) die" heißen „1) Die".

Nach Seite 63 sind die Seitenzahlen „65 und 66" auf „64 und 65" abzuändern.

Auf Seite 70 ist in der Circularverfügung Nr. 41. sub 4. hinter den Worten „über den Ausgang"
noch einzuschalten „sowie über den Eingang".

Gedruckt bei Carl v. g Schellenberg in Erfurt.

www.ingramcontent.com/pod-product-compliance
Lightning Source LLC
Chambersburg PA
CBHW032242080426
42735CB00008B/968